eビジネス新書
No.426

週刊東洋経済

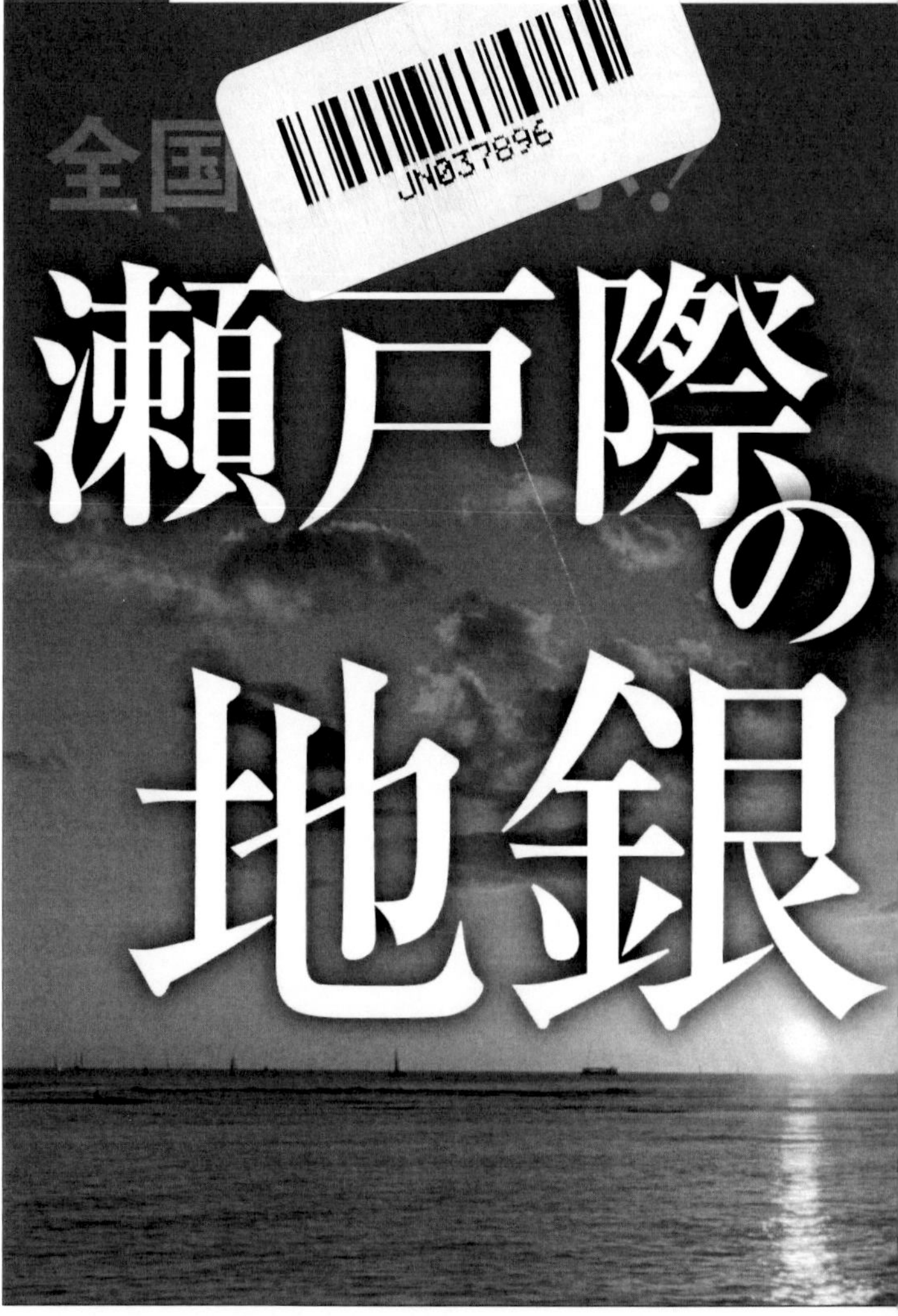

全国

瀬戸際の地銀

週刊東洋経済eビジネス新書　No.426

瀬戸際の地銀

本書は、東洋経済新報社刊『週刊東洋経済』２０２２年6月１１日号より抜粋、加筆修正のうえ制作しています。情報は底本編集当時のものです。（標準読了時間　９０分）

瀬戸際の地銀　目次

地銀再編を阻む〝みずほ〟の呪縛

「真摯に協議を進めたものの、互いの戦略を理解し、共有することができなかった」

2022年2月、東北銀行の村上尚登頭取は岩手県盛岡市で記者会見し、フィデアホールディングスとの経営統合の基本合意を解消すると硬い表情で発表した。

その半年余り前、村上氏は「本業利益を拡大させていくには、提携から一歩踏み込んで（フィデアと）合流する必要がある」とまで言い切っていた。にもかかわらず、いったいなぜ〝婚約破談〟に至ったのか。その背景を探る中で見えてくるのは、みずほの影だ。

東北銀は、荘内銀行（山形県鶴岡市）と北都銀行（秋田市）を傘下に持つフィデアと、2018年に包括業務提携を結び、ATMの利用手数料を相互に無料化するなど、連携を深めてきた。

東北地方では21年5月、青森銀行とみちのく銀行が経営統合で基本合意し、地方銀行再編の大きなうねりが生まれていた。

その動きに触発されたかのように、2カ月後の2021年7月に東北銀は、フィデアとの経営統合交渉に踏み切った。

しかし、東北銀の幹部によると、「銀行業に対する価値観がフィデアとはまったく違うので、（統合交渉は）当初から破談への不安が強かった」という。

実際にその予感は的中した。顧客情報などをフルに活用した広域での営業体制を志向するフィデアと、地元の中小企業に密着した金融サービスを貫く東北銀とでは、なかなか話がかみ合わなかったのだ。それでも、東北銀の村上氏はフィデア側に「何とか歩み寄ろうと試行錯誤していた」（前出の幹部）という。

「理解できない」。22年に入ると、村上氏はフィデアについて周囲にそう漏らすようになる。その言葉はフィデアという会社に対してだけでなく、かつてみずほ銀行頭取を務め、現在はフィデアの社外取締役を務める西堀利（さとる）氏に対してのものでもあった。

フィデアの関係者によると、西堀氏は「村上氏に、銀行業のあり方などを〝上から目線〟で説くようなことがあった。こういう人間がいる銀行とは組めないとなったのではないか」と話す。

西堀氏はフィデアのキーパーソンである。「取締役会議長であり、指名委員会の委員長も務め、旧富士銀行出身の田尾祐一社長の先輩でもある、まさに最高権力者」（フィデアの関係者）なのだ。

その最高権力者の考えや方針を理解できなければ、経営統合など当然ありえない。

その西堀氏は、6月の株主総会を経て社外取から非業務執行の社内取締役に移る見通しだ。

まさか指名委員会の委員長として、自らの人事案の決議に参加してはいないだろうが、ガバナンス上はたして問題はないのか。

企業統治に詳しい川北英隆・京都大学名誉教授は、西堀氏が15年からフィデアの社外取を務めていることから「社内取に移るのであれば、もっと早い段階が適切だった。自らの人事の議論に参加しなかったとしても、影響を及ぼしたとみるのが普通で、透明性のきわめて低い人事だ」としている。

トラウマの経営統合

みずほ銀出身者が関係することによって再編が進まないという事例は、ほかにもある。静岡銀行と名古屋銀行の経営統合を前提としない包括業務提携が、まさにそうだ。名古屋銀を提携に駆り立てたのは、2021年12月に発表された愛知銀行と中京銀行の経営統合だ。両行が組めば、貸出残高で愛知県トップの座を「愛知 + 中京」連合に譲り渡すことになる。

両行の最終合意発表が翌月に迫っていた22年4月27日、名古屋銀は地銀上位行である静岡銀との包括業務提携を発表。製造業が多い静岡と愛知において両行の企業支援の知見・ノウハウを共有し、環境規制など産業構造の変化に対応していく狙いだと説明した。

名古屋銀の藤原一朗頭取は、記者会見で「愛知銀と中京銀の経営統合を意識したのか」と問われると、「ありません」と一蹴し、それ以上言葉を続けなかった。

ただ、経営統合はしないという方針について質問されると、途端に「前職時代に経営統合を経験した。現場にいて大変だったという思いがある」と生々しい記憶を吐露したのだ。

藤原氏の「前職」は日本興業銀行で、「大変だった経営統合」とは、3つの母体銀行による内部抗争とシステム障害を繰り返してきた、みずほ銀のことである。

経営統合や合併が、経営陣や現場の行員にどれだけの苦しみをもたらすのか。藤原氏の発言から、それが垣間見えるようだった。

（中村正毅、野中大樹）

地銀「衰弱度」ランキング

「コロナ禍によって、足元の業績は好転した」。ある地方銀行の財務担当者は、経営の内情についてそう語る。実際に2021年度決算を見ると、地銀99行の純利益合計は、23・1％の増益という結果になった。

構造不況に陥っているはずの地銀が、いかにしてコロナ禍をしのぎ、業績を好転させたのか。その主な要因の1つが、信用保証協会の保証付き融資だ。貸し倒れが発生した際の損失が補填されるため、地銀はリスクを負わずに収益が底上げされている。

ただ、この特需も一巡し、2022年後半から23年にかけて、融資の返済は本格化する。返済できずに息切れする会社が現れ、過去の融資が焦げ付くリスクもある。

ジリ貧の構図が依然として変わらない中で、今後生き残ることができる地銀はどこなのか。東洋経済では、地銀全99行の個別決算を分析。最新決算を基に、地銀衰弱度ランキングを作成した。健全性、収益力、リスクテイク度に関するデータを抽出し、点数化。総合得点の低い順に並べている。

中でも重視したのは健全性で、配点を合計50点と高く設定した。さらに今回は、制度融資をはじめとする保証付き融資への依存度も採用した。

ワースト1位は福井県の福邦銀行。すでに福井銀行と経営統合済みだが、収益面の苦しさが響いた。2位のスルガ銀行は、不良債権比率が断トツで高いことが主因だ。

衰弱度が高い地銀ほど再編のうねりにのみ込まれやすく、今後の動向に注目が集まる。

次表に全地銀のランキングを掲載するが、その作成方法を確認してほしい。

地銀「衰弱度」総合ワーストランキングの作成方法

地方銀行全99行の2021年度決算を基に、健全性、収益力、リスクテイク度に関わる各項目の偏差値を算出。最も偏差値の高い数値を満点として点数化。それぞれの配点を健全性50点、収益力40点、リスクテイク度10点として総合得点を算出。各項目は以下のとおり。

その他有価証券評価損益において「その他」の開示がない銀行は満期保有を含む数値を用いた。

保証依存度において、貸出金平残を公表していない銀行は末残の数値を用いた。▲はマイナス

指標① 健全性（合計50点）

・2021年度不良債権比率（低いほうが高得点）……20点
（不良債権比率は部分直接償却を実施している場合は実施後の数値を用いた）

・21年度自己資本比率……20点

・21年度その他有価証券評価損益…… 10点

指標② 収益力（合計40点）

・21年度コア業務純益（投信解約益除く）…… 15点

・21年度本業利益……15点

本業利益＝貸出金末残×預貸金利回り差＋役務取引等利益－営業経費

・21年度経費率（低いほうが高得点）…… 10点

経費率＝営業経費÷業務粗利益×100

指標③ リスクテイク度（合計10点）

・保証依存度（低いほうが高得点）（2021年9月末時点）…… 10点

保証依存度＝保証債務残高（セーフティーネットなど）÷貸出金平残×100

（藤原宏成）

地銀「衰弱度」総合ワーストランキング

順位	銀行名	総合得点	健全性 50点			収益力 40点			リスクテイク度 10点
			不良債権比率 (%)	自己資本比率 (%)	その他有価証券評価損益 (億円)	コア業務純益 投信解約益除く (億円)	本業利益 (億円)	経費率 (%)	保証依存度 (%)
1	福邦銀行	43.27	3.87	6.44	3.44	0.39	▲8.46	120.77	7.06
2	スルガ銀行	46.10	12.63	12.35	▲14.82	250.36	193.03	60.83	0.34
3	福岡中央銀行	48.95	2.58	9.39	37.10	12.39	4.78	86.02	22.18
4	筑邦銀行	49.55	3.21	7.86	3.04	14.52	▲3.20	83.61	13.87
5	東日本銀行	50.14	4.60	8.12	53.82	62.11	31.55	74.37	10.97
6	豊和銀行	51.53	4.49	8.93	2.96	13.33	8.03	83.14	5.63
7	富山銀行	51.97	3.21	7.99	65.66	11.96	▲4.25	80.07	10.07
8	南日本銀行	52.71	5.29	11.04	1.21	28.34	17.91	76.28	7.14
9	高知銀行	53.64	4.13	9.54	55.73	27.89	▲5.59	78.25	6.23
10	島根銀行	54.06	2.20	6.51	▲36.45	7.78	0.20	82.18	6.25
11	沖縄海邦銀行	54.34	3.12	8.57	21.85	17.73	7.32	83.18	6.12
12	福島銀行	54.41	1.94	7.31	▲28.99	16.14	7.93	83.24	9.08
13	大東銀行	54.45	2.83	9.76	▲15.53	29.78	18.39	76.84	13.40
14	神奈川銀行	55.11	1.80	9.48	21.11	18.32	11.77	76.65	16.58
15	仙台銀行	55.14	2.99	8.01	▲54.34	33.82	10.48	75.63	6.55
16	東北銀行	55.35	2.89	9.16	2.18	21.75	7.36	80.71	7.63
17	佐賀共栄銀行	55.59	3.68	8.68	22.44	12.60	4.80	68.67	5.37
18	長野銀行	55.83	2.49	9.67	2.73	14.59	▲19.81	86.63	7.04
19	きらやか銀行	56.81	2.44	8.42	▲121.79	36.58	16.55	76.92	6.64
20	トマト銀行	56.93	2.45	8.81	17.64	26.25	14.86	80.36	6.10
21	三十三銀行	57.03	2.37	8.86	232.80	76.85	▲21.56	84.39	5.41
22	中京銀行	57.43	1.83	8.71	110.34	41.90	5.76	74.29	10.50
23	大光銀行	57.78	2.21	9.00	16.46	33.15	1.03	78.44	6.44
24	筑波銀行	57.80	2.04	8.92	▲117.28	56.84	11.20	81.60	6.65
25	福井銀行	58.49	1.29	7.90	177.03	44.49	▲26.10	88.40	3.26

地銀「衰弱度」総合ワーストランキング

順位	銀行名	総合得点	健全性 50点			収益力 40点			リスクテイク度 10点
			不良債権比率 (%)	自己資本比率 (%)	その他有価証券評価損益 (億円)	コア業務純益 投信解約益除く (億円)	本業利益 (億円)	経費率 (%)	保証依存度 (%)
26	但馬銀行	59.05	1.16	8.01	68.78	23.38	15.49	79.68	6.71
27	みちのく銀行	59.25	1.36	7.93	▲25.47	39.15	11.08	88.49	1.92
28	北日本銀行	59.31	1.82	8.63	83.57	45.54	6.59	76.35	5.50
29	琉球銀行	59.41	2.41	8.71	11.00	74.39	53.58	78.85	3.31
30	みなと銀行	59.63	2.05	8.48	66.52	89.50	41.17	78.96	4.24
31	東和銀行	59.69	2.50	10.51	▲21.46	59.25	15.38	74.11	7.01
32	清水銀行	59.81	1.24	8.71	▲59.56	41.03	13.74	78.56	6.94
33	佐賀銀行	59.89	2.04	8.01	60.65	93.07	37.95	70.91	5.24
34	鳥取銀行	59.99	1.01	8.48	11.61	17.49	12.20	83.13	5.15
35	大分銀行	60.02	2.44	9.94	120.00	85.30	2.49	82.27	2.67
36	北都銀行	60.05	1.38	9.80	29.05	32.28	▲3.48	80.23	7.31
37	秋田銀行	60.14	2.38	11.40	196.27	40.16	▲20.62	81.10	5.39
38	荘内銀行	60.19	2.14	10.21	118.97	41.00	▲13.27	76.58	5.17
39	もみじ銀行	60.22	2.17	10.13	▲151.54	99.21	70.06	89.90	3.55
〃	四国銀行	60.22	2.33	8.78	192.04	95.90	14.18	69.63	4.92
41	宮崎太陽銀行	60.26	1.95	10.93	53.86	14.29	1.14	84.36	5.00
42	愛知銀行	60.68	1.88	9.77	607.09	122.59	34.11	65.37	12.38
43	きらぼし銀行	60.69	3.01	8.21	71.51	273.18	122.23	65.44	7.19
44	長崎銀行	60.71	0.80	9.95	2.43	3.15	0.31	91.21	5.05
45	静岡中央銀行	60.80	1.60	11.53	56.81	27.92	12.10	68.67	13.44
〃	千葉興業銀行	60.80	1.65	8.37	198.26	91.31	32.43	72.74	5.70
47	青森銀行	61.03	1.41	9.55	82.98	34.60	▲15.95	84.64	2.53
48	栃木銀行	61.41	2.24	11.79	▲154.41	74.66	24.20	82.51	5.46
49	十八親和銀行	61.64	2.49	9.75	327.55	143.17	▲29.30	74.28	1.71
50	池田泉州銀行	61.73	0.96	8.86	93.78	113.69	55.69	82.22	6.50
51	百十四銀行	61.87	1.91	8.86	366.27	150.03	7.85	71.65	4.38
52	大垣共立銀行	61.89	1.40	8.25	574.44	138.21	▲8.60	76.13	3.56
53	愛媛銀行	61.93	1.73	7.80	114.59	95.34	24.08	69.10	2.19
54	岩手銀行	62.02	2.31	11.30	306.82	68.90	▲20.82	77.44	3.41
55	武蔵野銀行	62.13	1.90	8.11	140.20	149.94	100.83	68.17	5.61
56	富山第一銀行	62.27	2.81	11.77	223.99	57.76	▲21.24	65.42	5.11
57	第四北越銀行	62.62	2.20	9.52	174.79	234.74	4.90	74.34	3.39
58	熊本銀行	62.91	2.06	9.73	4.54	66.79	45.45	67.51	3.67
59	香川銀行	63.03	1.79	9.57	24.87	78.73	52.40	63.76	6.30
60	徳島大正銀行	63.09	1.76	8.07	89.84	108.46	69.24	62.65	4.06
61	山形銀行	63.13	1.18	9.94	90.33	78.51	▲15.22	76.28	4.07
62	名古屋銀行	63.18	2.19	12.85	710.81	127.08	57.88	73.05	11.52

地銀「衰弱度」総合ワーストランキング

順位	銀行名	総合得点	健全性（50点） 不良債権比率(%)	自己資本比率(%)	その他有価証券評価損益(億円)	収益力（40点） コア業務純益 投信解約益除く(億円)	本業利益(億円)	経費率(%)	リスクテイク度（10点） 株式依存度(%)
63	山梨中央銀行	63.48	1.22	11.23	235.85	90.67	▲1.50	85.52	4.19
64	東京スター銀行	63.72	1.51	11.31	▲3.65	48.77	▲21.22	86.40	—
65	北國銀行	63.74	2.83	11.66	498.93	126.58	0.72	66.69	3.67
66	東邦銀行	63.75	1.30	9.13	43.28	117.42	20.41	74.37	2.46
67	阿波銀行	64.22	2.35	10.97	834.69	175.75	27.05	63.07	7.17
68	北陸銀行	64.26	2.64	9.31	662.21	255.7	106.91	62.82	5.19
69	北海道銀行	64.40	1.76	8.94	90.43	192.55	106.77	68.66	4.38
70	沖縄銀行	64.41	1.13	10.07	45.00	75.62	37.89	74.78	3.87
71	南都銀行	64.43	1.35	9.29	185.17	188.36	10.58	68.43	4.69
72	鹿児島銀行	64.57	2.28	10.41	227.73	162.07	74.38	73.42	1.86
73	宮崎銀行	64.61	1.33	8.21	44.74	136.94	78.48	64.35	3.69
74	西京銀行	64.99	1.28	8.31	11.09	79.28	58.37	55.53	4.48
75	紀陽銀行	65.22	2.27	10.15	6.92	204.53	106.98	63.13	4.98
76	北九州銀行	65.97	2.02	10.50	152.31	58.82	48.85	54.08	3.93
77	関西みらい銀行	66.03	1.77	9.09	13.38	273.21	197.94	72.19	4.37
78	肥後銀行	66.17	1.63	10.01	272.39	178.14	45.73	67.01	2.63
79	百五銀行	66.33	1.52	9.84	1,434.75	201.17	60.64	71.50	3.74
80	十六銀行	66.78	1.48	9.34	689.08	285.18	99.41	68.57	4.54
81	七十七銀行	67.40	2.03	10.01	1,183.99	257.04	63.49	64.99	2.18
82	滋賀銀行	68.14	2.01	14.84	2,084.72	132.83	▲30.81	80.79	3.60
83	京葉銀行	68.56	1.31	11.15	265.66	213.57	87.07	65.75	4.59
84	西日本シティ銀行	68.79	1.67	9.45	508.91	355.20	206.88	64.45	5.35
85	山陰合同銀行	68.90	1.65	10.92	78.86	306.12	83.35	63.82	3.65
86	北洋銀行	69.17	1.03	12.16	802.67	220.04	77.59	74.40	5.15
87	群馬銀行	69.59	2.03	11.76	457.00	314.33	117.80	63.44	4.23
88	足利銀行	69.77	1.65	9.80	297.09	347.41	151.39	59.47	3.68
89	広島銀行	70.97	1.19	9.71	15.00	347.15	191.56	65.94	1.84
90	中国銀行	71.94	1.77	13.23	944.00	283.09	110.14	67.21	2.84
91	山口銀行	75.69	1.05	14.59	94.24	233.07	176.13	65.82	2.07
92	京都銀行	75.82	1.49	11.59	8,811.94	362.70	9.96	59.18	5.72
93	常陽銀行	75.98	1.52	11.68	1,220.00	495.10	161.98	56.62	1.64
94	伊予銀行	76.27	1.64	13.95	2,711.03	368.46	53.67	59.66	1.46
95	八十二銀行	79.50	1.74	17.62	3,826.81	339.61	21.36	62.18	2.66
96	静岡銀行	81.03	1.01	14.33	2,742.47	533.18	247.96	65.53	3.08
97	福岡銀行	81.30	1.58	9.13	685.30	764.22	543.43	48.55	2.55
98	千葉銀行	84.41	0.96	11.44	1,481.00	751.76	470.16	52.37	2.55
99	横浜銀行	87.22	1.20	13.26	88.48	830.63	612.85	57.95	1.72

地銀を悩ます3大リスク

「まさに時限爆弾ですよ」。ある地方銀行の財務担当者は、2021年度の地銀各行の決算を眺めながらそうつぶやいた。この財務担当者が時限爆弾と表現したのは「その他有価証券評価損益」だ。

地銀は、金融緩和で日本国債の利回りが低迷する中、少しでも高い利回りが望める外国債券の運用を積極化してきた。

ところが、足元で米金利が上昇し、外債の価値が急減。「21年度の業績がよく、余裕のあるうちに損切りができた」(冒頭の財務担当者)という地銀もある一方で、収益基盤の弱い銀行は含み損を抱え込むことになってしまった。

米国の利上げは今後も続く見通し。となれば、含み損はますます拡大し、場合によっては減損処理が必要になる。それゆえ、時限爆弾とみられているわけだ。

各行の決算を細かく見れば、そうしたリスクが如実に浮かび上がってくる。ここからは、懸念される地銀の3つのリスクについて、ランキング形式で見ていこう。

14行が含み損抱える

まずは、冒頭でも触れた「その他有価証券評価損益」の指標だ。次表では、21年度決算で含み損を抱えた14行を並べた。

含み損が拡大
―その他有価証券評価損益―

ワースト ランキング

順位	銀行名	その他有価証券評価損益（億円）		悪化幅（億円）
		2021年度	20年度	
1	栃木銀行	▲154.41	▲30.08	▲124.33
2	もみじ銀行	▲151.54	▲122.21	▲29.33
3	きらやか銀行	▲121.79	▲26.79	▲95.00
4	筑波銀行	▲117.28	4.89	▲122.17
5	清水銀行	▲59.56	34.14	▲93.70
6	仙台銀行	▲54.34	38.85	▲93.19
7	島根銀行	▲36.45	4.82	▲41.27
8	福島銀行	▲28.99	3.21	▲32.20
9	みちのく銀行	▲25.47	16.02	▲41.49
10	東和銀行	▲21.46	109.96	▲131.42
11	大東銀行	▲15.53	7.50	▲23.03
12	スルガ銀行	▲14.82	95.18	▲110.00
13	琉球銀行	▲11.00	1.63	▲12.63
14	東京スター銀行	▲3.65	▲2.23	▲1.42

（注）青文字はSBIグループが提携、または株を保有している銀行。▲はマイナス
（出所）各行の決算資料を基に東洋経済作成

最も含み損が大きいのは栃木銀行。前年度から含み損を抱えていたが、それが大幅に拡大した形だ。2位以下を見ていくと、SBIホールディングス（SBIHD）と関係する地銀の名前が、ずらりと並んでいる。SBIを頼って拡大した外債投資が、地銀の首を絞めていることがよくわかる。（後述）

2つ目の指標は「保証依存度」だ。保証依存度とは、信用保証協会の保証付きの融資が貸出金に占める割合を指している。

保証付き融資は、コロナ禍で資金繰りに苦しむ企業を支えるため、無利子・無担保で貸し出す「ゼロゼロ融資」を中心に大きく拡大。この融資は、万が一融資先企業が倒産した場合でも、保証協会が損失を全額肩代わりする。

借り手企業から見れば無利子・無担保となっているが、銀行側は融資した際の利子に相当する金額を利子補給として受け取っている。つまり、地銀は目利きをすることなく、ノーリスクで収益を上げることができるわけだ。

ただし、この恩恵はもうすぐ受けられなくなる。無利子となる期間は3年、元金返済の猶予据え置き期間は最大5年に設定されているのだ。制度が導入されたのは2020年5月で、23年5月には借り手企業の利子返済が始まる。

利子返済が必要となれば、手元資金が十分な企業は融資を返済する方向に動くだろう。地銀としては、そこから得られていた収益がごそっと剝がれ落ちることになる。

さらなる悲観シナリオもある。コロナ禍が長引く中で財務が改善していない企業は、返済ができず倒産に至る可能性もあるのだ。無利子・無担保融資自体は保証されるものの、その企業に対して過去に融資していた部分は焦げ付くリスクを抱えているわけだ。

コロナで高まる保証依存度

—保証債務残高比率—

ワースト ランキング

順位	銀行名	保証債務残高（億円）	貸出金平残（億円）	保証債務残高比率（%）
1	福岡中央銀行	949.99	4,283.31	22.18
2	神奈川銀行	639.70	3,857.91	16.58
3	筑邦銀行	747.43	5,388.11	13.87
4	静岡中央銀行	765.03	5,692.49	13.44
5	大東銀行	800.05	5,970.46	13.40
6	愛知銀行	3,203.91	25,884.59	12.38
7	名古屋銀行	3,662.91	31,793.58	11.52
8	東日本銀行	1,785.87	16,277.00	10.97
9	中京銀行	1,598.17	15,217.27	10.50
10	富山銀行	367.27	3,648.08	10.07
11	福島銀行	510.21	5,618.28	9.08
12	東北銀行	482.48	6,326.41	7.63
13	北都銀行	639.83	8,748.98	7.31
14	きらぼし銀行	2,868.08	39,888.56	7.19
15	阿波銀行	1,483.10	20,695.55	7.17
16	南日本銀行	418.43	5,862.26	7.14
17	福邦銀行	227.49	3,223.90	7.06
18	長野銀行	452.41	6,424.91	7.04
19	東和銀行	1,060.54	15,138.18	7.01
20	清水銀行	834.80	12,023.65	6.94
21	但馬銀行	613.20	9,140.77	6.71
22	筑波銀行	1,216.60	18,300.29	6.65
23	きらやか銀行	667.03	10,041.17	6.64
24	仙台銀行	549.16	8,380.29	6.55
25	池田泉州銀行	2,851.65	43,866.57	6.50
26	大光銀行	687.56	10,673.63	6.44
27	香川銀行	862.22	13,695.93	6.30
28	島根銀行	194.86	3,116.75	6.25
29	高知銀行	460.66	7,390.62	6.23
30	沖縄海邦銀行	340.00	5,552.21	6.12
31	トマト銀行	603.09	9,881.11	6.10

（注）保証債務残高は100%保証（セーフティーネットなど）の2021年4～9月の平均残高　（出所）中小企業庁、各行の決算資料を基に東洋経済作成

先の表を見ると、保証付き融資の比率（保証債務残高比率）が10％を超える地銀も少なくない。中でも福岡中央銀行は突出しており、20％を超える。全体を見ると、規模の小さい第二地銀や愛知県を地盤とする地銀が多い。顧客企業の数やニーズに対応した結果ではあるものの、じわじわと不良債権比率が上がってきたら要注意だ。

3つ目の指標は「自己資本比率」。銀行には自己資本比率規制があり、海外営業拠点のない「国内基準行」は4％以上、海外拠点を持つ「国際基準行」は8％以上が求められている。地銀の大半は海外営業拠点を持たない「国内基準行」だが、8％を1つの目安とみることが多い。

■8%割れが8行も
—自己資本比率—

ワースト
ランキング

順位	銀行名	自己資本比率(%)
1	福邦銀行	6.44
2	島根銀行	6.51
3	福島銀行	7.31
4	愛媛銀行	7.80
5	筑邦銀行	7.86
6	福井銀行	7.90
7	みちのく銀行	7.93
8	富山銀行	7.99
9	仙台銀行	8.01
〃	但馬銀行	8.01
〃	佐賀銀行	8.01
12	徳島大正銀行	8.07
13	武蔵野銀行	8.11
14	東日本銀行	8.12
15	きらぼし銀行	8.21
〃	宮崎銀行	8.21
17	大垣共立銀行	8.25
18	西京銀行	8.31
19	千葉興業銀行	8.37
20	きらやか銀行	8.42

(出所)各行の決算資料を基に東洋経済作成

２１年度の決算では、６％台の地銀が2行あった。前年度末時点ではどちらも７％を超えており、規制水準の４％にぐっと近づいた格好だ。

足元では、コロナ禍対応で貸出残高が増えており、自己資本比率を算出する際の分母が機械的に膨らむことで、比率が低くなりやすい局面にある。期間収益を着実に積み上げ、自己資本比率を高めていかなければ、有価証券の減損といったショックに耐え切れなくなる懸念もある。そうしたリスクの顕在化が、今後新たな地銀再編を招く可能性は否定できない。

（藤原宏成）

全国地銀相関MAP

「地方の銀行は、将来的には数が多すぎるのではないか」。2020年9月、菅義偉前首相（当時）が自民党総裁選への出馬を前にそう発言したことで、機運が一気に高まった地銀再編。

当時は官房長官として、同一県内における地銀合併の制限を緩和する、独占禁止法の特例整備に当たっていたこともあり、多くの地銀には強烈な圧力として受け止められた。

菅氏が首相に就いた2カ月後には、日本銀行が「地域金融強化のための特別当座預金制度」を創設。経営統合などを条件に、当座預金の金利を年0・1％上乗せすることも打ち出している。

再編促進に向けてそうした環境整備が進むのと前後するように、青森銀行とみちのく銀行の経営統合構想が持ち上がったことで、全国で地銀再編の導火線に火がついたかに思われた。

しかしながら、政府主導の〝政策再編〟が結果として生み出したのは、「アライアンス」や「パートナーシップ」の名を付した、経営統合を前提としない地銀間の業務提携の山だった。

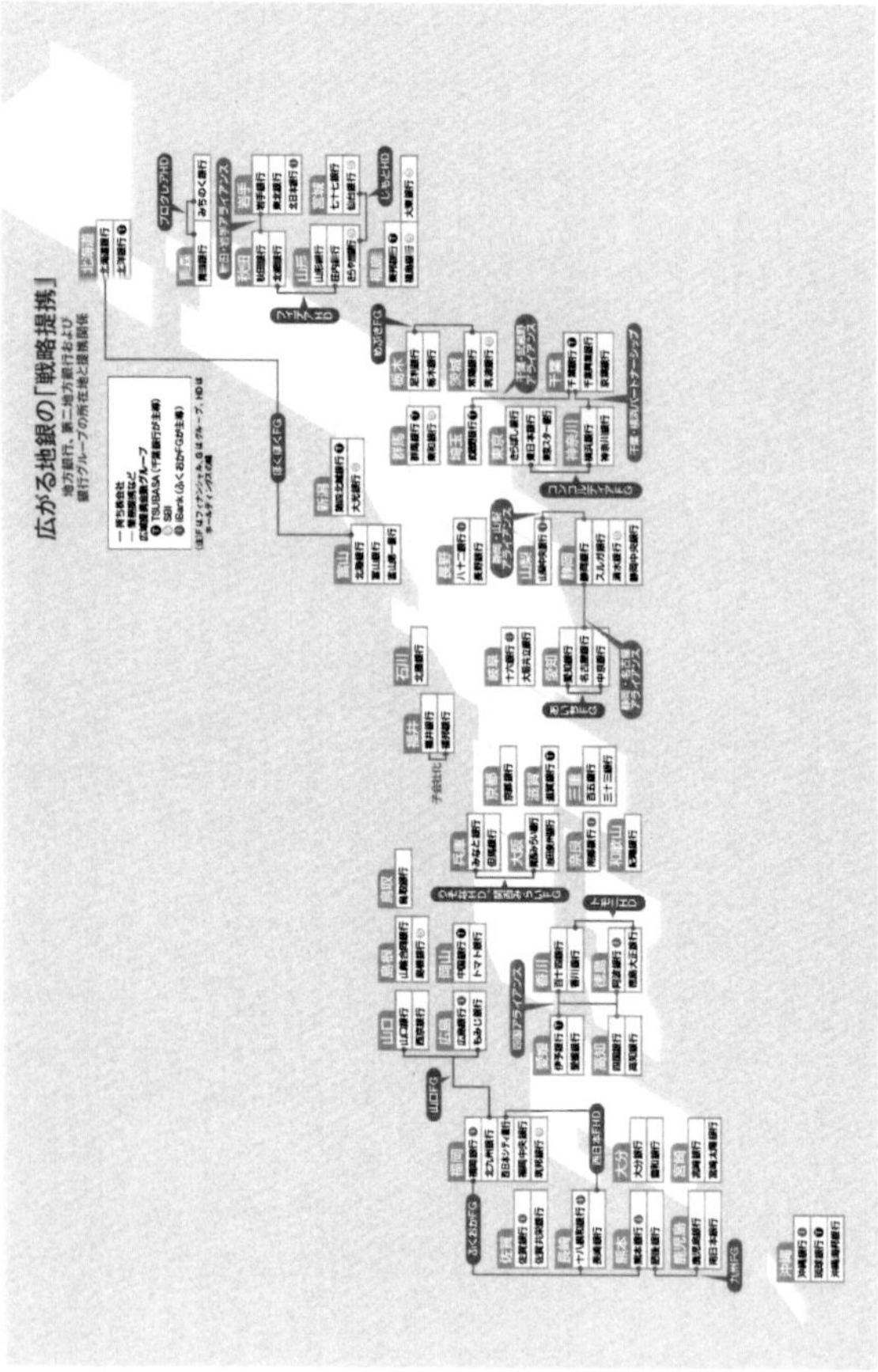
広がる地銀の「戦略提携」
地方銀行、第二地方銀行および
銀行グループの所在地と提携関係

金融庁のある幹部は、「中身を見れば、しょうもない提携ばかり。経営基盤強化に向けて、しっかり方策は考えていますよとアピールし、再編の圧力を何とかかわしたいだけ」とため息をつく。

雨後のたけのこのように出てきた地銀提携の中には、業務上の連携強化をうたいながら、その裏では互いの営業エリアを荒らさないように手を握る〝不可侵条約〟として機能するものもある。

そもそも地銀は構造不況に陥り、地域経済における存在感は年々低下している。とはいえ、地元では「まだ殿様のように扱われ、自分たちはエリートだ、偉いのだと勘違いしている人がたくさんいる」(地銀役員OB)のが現状だ。

殿様気質が抜けず、提携でお茶を濁している間に再編のうねりが大きくなり、実は孤立し始めていることに、はたして気づいているのだろうか。

(中村正毅)

一段と進むシステムの共通化

基幹システムの主な連合体

システム名	ベンダー	銀行名
TSUBASAアライアンス	日本アイ・ビー・エム	千葉銀行、第四北越銀行、中国銀行、北洋銀行、東邦銀行
Chance地銀共同化システム	日本アイ・ビー・エム	足利銀行、常陽銀行、十六銀行、南都銀行、百十四銀行、山口銀行、北九州銀行、もみじ銀行
じゅうだん会	日本アイ・ビー・エム	山形銀行、筑波銀行、武蔵野銀行、八十二銀行、阿波銀行、宮崎銀行、琉球銀行
広銀・FFG 共同システム	日本アイ・ビー・エム	広島銀行、福岡銀行、十八親和銀行、熊本銀行
BeSTAcloud	NTTデータ	北都銀行、荘内銀行、福岡中央銀行、佐賀共栄銀行、長崎銀行、豊和銀行、宮崎太陽銀行、南日本銀行、沖縄海邦銀行
MEJAR	NTTデータ	北海道銀行、七十七銀行、横浜銀行、北陸銀行、東日本銀行
STELLA CUBE	NTTデータ	東北銀行、きらぼし銀行、富山銀行、但馬銀行、きらやか銀行、仙台銀行、神奈川銀行、長野銀行、福邦銀行、名古屋銀行、清水銀行（予）
地銀共同センター	NTTデータ	青森銀行、秋田銀行、岩手銀行、千葉興業銀行、福井銀行、京都銀行、池田泉州銀行、鳥取銀行、山陰合同銀行、四国銀行、西日本シティ銀行、大分銀行、愛知銀行、みちのく銀行（予）、中京銀行（予）
りそなシステム	NTTデータ	関西みらい銀行、みなと銀行（予）
BankVision	日本ユニシス	山梨中央銀行、北國銀行、スルガ銀行、大垣共立銀行、百五銀行、紀陽銀行、筑邦銀行、佐賀銀行、鹿児島銀行、西京銀行（予）
NEXTBASE	日立製作所	三十三銀行、北日本銀行、大東銀行、栃木銀行、大光銀行、静岡中央銀行、トマト銀行、徳島大正銀行、香川銀行、高知銀行
次世代バンキングシステム	SBI地方創生サービシーズ	福島銀行（予）
独自のシステム	日本アイ・ビー・エム	伊予銀行、島根銀行
	日立製作所	静岡銀行、肥後銀行、滋賀銀行（予）、京葉銀行（予）
	富士通	群馬銀行、東和銀行、富山第一銀行
	NEC	沖縄銀行、愛媛銀行、東京スター銀行

（注）（予）はシステム移行予定の銀行
（出所）取材を基に東洋経済作成

【東北】再編の余波が招く東北の大同団結

青森銀行とみちのく銀行が2022年4月、経営統合し共同持ち株会社プロクレアホールディングス（HD）が発足した。両行は25年1月をメドに合併する計画で、独占禁止法特例法の適用事例第1号でもある。

合併を後押ししたのは、みちのく銀が抱える公的資金だった。現在200億円の公的資金が残っており、返済期限が24年9月に迫っている。それまでに何としても返済のメドをつける必要があったわけだ。

この統合は、東北の再編に火をつける可能性がある。まず注目されているのが、青森銀行・秋田銀行・岩手銀行の北東北大連合の可能性だ。

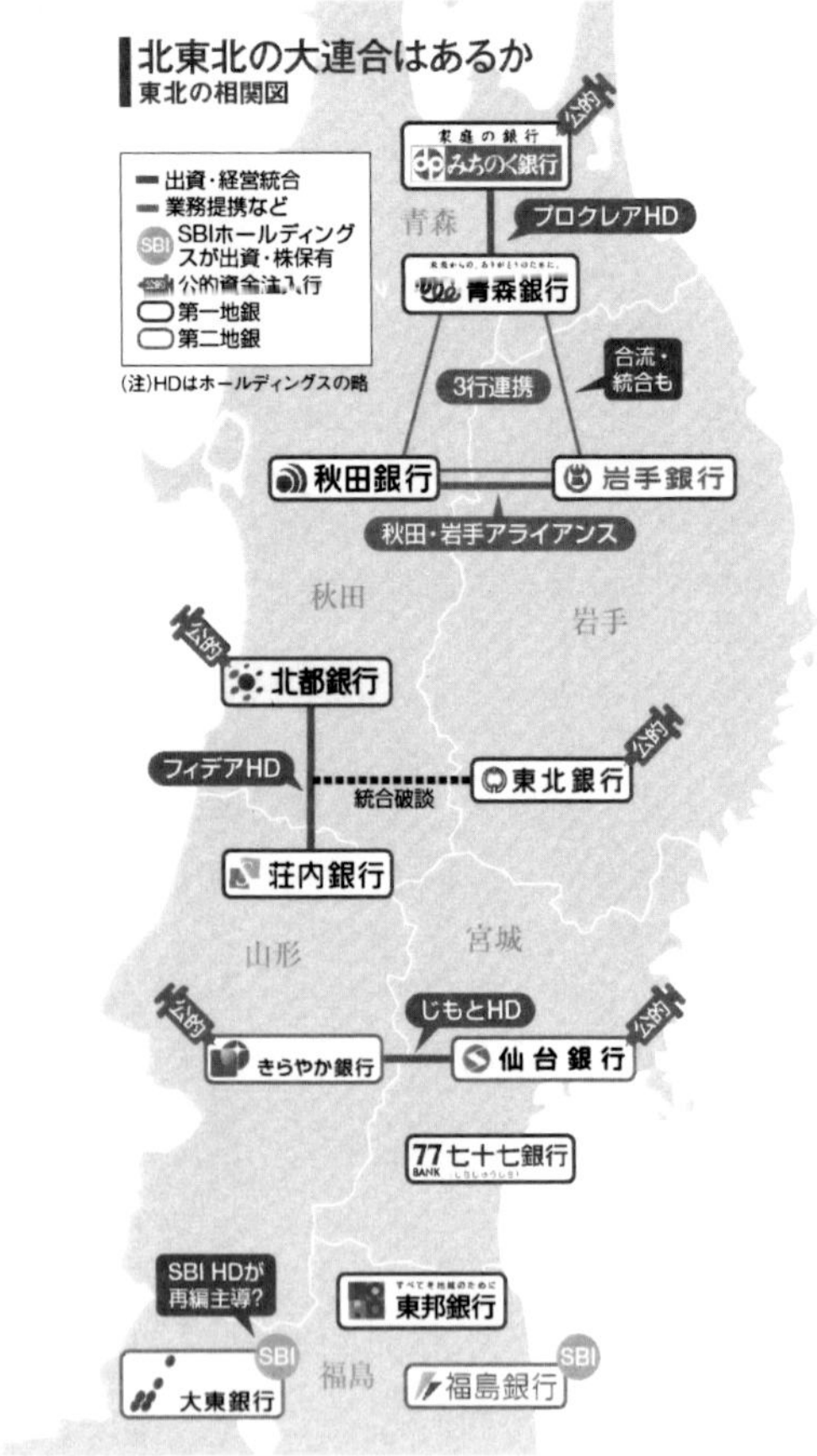

北東北の大連合はあるか
東北の相関図
出資・経営統合
業務提携など
SBIホールディングスが出資・株保有
公的資金注入行
第一地銀
第二地銀
(注)HDはホールディングスの略
青森
秋田
岩手
宮城
山形
福島
みちのく銀行
プロクレアHD
青森銀行
3行連携
合流・統合も
秋田銀行
岩手銀行
秋田・岩手アライアンス
北都銀行
フィデアHD
統合破談
東北銀行
荘内銀行
じもとHD
きらやか銀行
仙台銀行
七十七銀行
SBI HDが再編主導?
東邦銀行
大東銀行
福島銀行

ある地銀関係者は、「青森銀は、みちのく銀との統合よりも3行統合への興味が強かった」と明かす。実際、3行はATMの相互開放やイベントの共同開催など、多分野で連携してきた。連携はすでに20年以上にわたり、勝手知ったる間柄なのだ。

足元では、これを意識したと思われる動きも出てきている。21年10月に秋田銀と岩手銀が包括業務提携「秋田・岩手アライアンス」を結んだのだ。現時点では経営は独立路線としているものの、青森銀とみちのく銀や福井銀行と福邦銀行など包括提携が統合に発展するケースは多い。

この提携について地銀関係者の間では「将来統合をする際に食われる形にならないよう、今のうちから手を組んだのだろう」という見方がもっぱらだ。

これまでは3行がほぼ同規模であったことから対等な関係が築けていた。しかし、青森銀とみちのく銀が合併すれば、規模では一気にトップに躍り出る。将来統合する際に上下の関係にならないよう、2行の関係を近づけているという見立てだ。みちのく銀が公的資金を完済し、青森銀と合併した暁には、このシナリオが動き出す可能性がある。

公的資金をめぐっては、じもとHD傘下で山形県を地盤とする　きらやか銀行が、注入申請を検討している。

政府が20年に設けた金融機能強化法の「コロナ特例」を活用する方針で、全国では初。公的資金注入となれば、大分県の豊和銀行以来8年ぶりとなる。

きらやか銀の川越浩司頭取は公的資金の申請について、コロナ禍に苦しむ取引先を支援するための資本余力を持つ必要があると、5月の記者会見で説明していた。

そう説明すれば聞こえはよいかもしれないが、公的資金注入となれば2009年、12年に続いてこれで3度目となる。今回の申請は24年9月に返済期限が迫る「200億円分の公的資金の〝借り換え〟みたいなもの」（東北の地銀役員）といい、依存の構図から抜け出せる気配がない。

川越頭取は、記者会見で同時に発表した粟野学会長の退任について、3度目の公的資金注入との関係性を必死に否定していた。だが、金融当局の関係者によると粟野氏は「引責辞任するしか道がなかった」といい、収益力を高め、公的資金を着実に返済していく道筋をつけられなかった責任は、やはり重いようだ。

東北の雄七十七の進攻

東北エリアには、ほかにも注目される県がある。岩手、山形、福島の3県は県内に3つの地銀を抱えており、再編が必須とみられている。

福島の再編はSBIHDの動きに懸かっている。すでに福島銀行と提携済みであるほか、純投資として大東銀行の株を保有している。SBIHDは、新生銀行に対し同じく純投資という名目で株を買い集め、最終的に公開買い付けを仕掛けた経緯がある。同様に大東銀を傘下に加えるとすれば、同一県内の福島銀と合併させ経費削減を図る、という選択をしても何ら不思議はない。

もう1つの焦点は、東北の雄である七十七銀行の動向だ。七十七銀は9月に青森市内に支店を開設する計画。青森では青森銀とみちのく銀の合併によってシェアを調整する動きが発生するため、その間隙を突こうというわけだ。

実際、青森県の企業経営者は「これまで青森銀とみちのく銀を融資で競わせる形だったため、合併されるのは苦しい」と明かす。

青森では信用金庫の再編も進んでおり、金融機関の選択肢が少ない。そんなところに、東北の中心都市・仙台の情報を持った七十七銀がやって来れば、取引は確実に増えるだろう。大規模な再編よりも、堅実に稼ぐのが七十七銀の戦略のようだ。

【北陸】オール福井で対抗　カギ握る創業家株

２０２１年9月、福邦銀行は２４年に返済期限が迫っていた公的資金６０億円を完済し、直ちに第三者割当増資を実施した。引き受けたのは、地元福井でしのぎを削ってきた福井銀行だった。

福邦銀が抱えていた公的資金を実質的に肩代わりしてでも、福井銀が福邦救済に踏み切る背景にあったのは、近隣県からの「外圧」だ。

福井銀本店ビルのはす向かいには、福井エリアで基盤を強めていた富山県地盤の北陸銀行福井支店ビルがある。さらに石川県を地盤とする北国銀行が２０２０年１１月、福井銀行本店ビル敷地のすぐ隣に、福井支店を移転した。

福井県では、２０２４年に北陸新幹線が敦賀市まで延伸し、２６年には中部縦貫自動車道の県内全線が開通する。交通インフラの整備を見据え、北陸銀や北国銀が福井の再開発需要を取り込もうと、目下営業基盤を強化してきているのだ。

もともと福井銀と北国銀は、富山県の富山第一銀行と3行で「FITネット」と呼ばれる業務提携を結んでいる。ATMの相互開放やビジネスマッチングなどで連携しているものの、その提携は互いの営業エリアの〝不可侵条約〟としては機能していなかったわけだ。

そうした外圧に立ち向かうため、福井銀の林正博頭取（当時）と福邦銀の渡邉健雄頭取が達した結論は、グループ化による「オール福井」構想だった。

その一方で、長年ライバル関係にあった両行の間には、現在も抜き差しならない緊張感が漂う。

2022年3月、福邦銀と取引のある地元の企業は、福邦銀から総工費数億円の不動産開発を提案された。複数の建設業者に相見積もりを取り、最低価格を提示したのは福井銀系の建設業者だった。発注しようとした際、福邦銀の担当者から思いもよらぬ言葉を向けられる。

「発注先は福邦銀系の業者にしてください。そうでなければ融資はできない」。福井銀の子会社となったとはいえ、福邦銀の行員たちにとって福井銀は時に競合先のままであるわけだ。

事実、福井銀が買い取った福邦銀の株式は52％で、子会社化したものの、当面は2つの看板が併存する。融資や営業もそれぞれの判断で実施する体制だ。

福井県に本社を置く建設会社の社長は「福邦銀と長年取引をしてきた地元中小企業の経営者たちは、一蓮托生のような気持ちで、今でも福井銀を毛嫌いしている。子会社化したからといってメインバンクを鞍替えしようとは考えない」と地元ならではの事情を語る。

今後の最大の焦点は、福邦銀の創業家の動向だ。2022年6月に開催される福邦銀の株主総会で、創業家出身の三田村俊文会長は退任することが決まっている。

1970年代から50年以上も福邦銀の経営に携わり、絶大な影響力を誇った三田村会長が、保有しているとされる株を手放すかどうかに注目が集まる。

【関東】きらぼしと東日本を結ぶ浜銀の一手

「経営統合してから5年以上で、何とか業績の立て直しにメドがついた。これでようやく外に目が向けられるようになるのではないか」

横浜銀行の幹部は、同じコンコルディア・フィナンシャルグループ傘下の東日本銀行について、そう言って胸をなで下ろす。

「ほかの地方の銀行にも開かれた金融グループとしたい」。経営統合の方針を発表した2014年、横浜銀の寺澤辰麿頭取（当時）はコンコルディアが地銀再編の受け皿になるのだと意気込んでいた。

ところが、経営への不干渉で放任していた東日本銀で、不適切融資が横行。2018年には金融庁から業務改善命令を受ける事態にまで発展した。

受け皿自体にヒビが入るような状況で、再編をにらんで外部に目を向ける余裕はなく、内部の立て直しが先決という状況に陥ってしまったわけだ。

東日本銀の22年3月期の単体純利益は84億円。前期97億円の最終赤字から急速に改善されたように見える。だが、不動産会社ユニゾホールディングスに対する貸倒引当金の戻入（れいにゅう）など、一過性の要因が大きいのが実態だ。安定収益の道筋をつけることができたと、手放しで喜べる状況ではないだろう。

コンコルディア・フィナンシャルグループの動向が焦点
関東の相関図

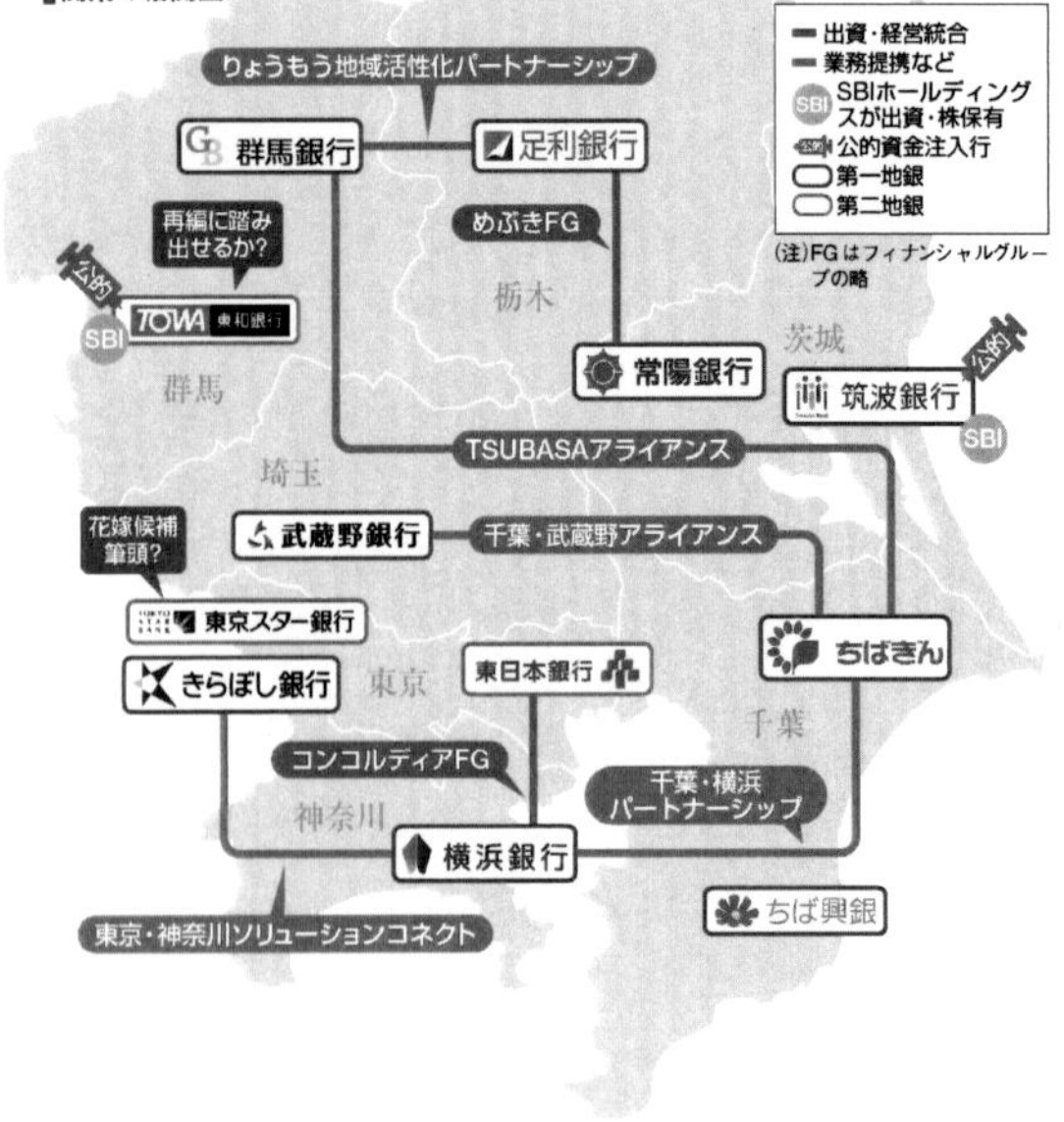

今後の地銀再編に向けては、受け皿をより強固にするために、横浜銀と東日本銀の合併が選択肢として浮上する。

一方で、コンコルディア次期社長の片岡達也氏は「合併したところで効果は小さい」としており、当面は東日本銀単体での収益拡大を目指す考えだ。

その先のシナリオとして観測が出ているのが、東京都を地盤とする「(東京きらぼしフィナンシャルグループ傘下の)きらぼし銀行と東日本銀の合併だ」(関東の地銀役員)という。

そもそも横浜銀ときらぼし銀は、買収スキームなどを組成するストラクチャードファイナンスといった分野で、2021年8月に業務提携を結んでいる。

その際、コンコルディア内部では資本提携についても一時検討していたが、ボトルネックになったのが、きらぼしフィナンシャルの株主構成だった。

八千代銀行、東京都民銀行、新銀行東京の3行が合併したことで、大株主には東京都や三井住友信託銀行、みずほ銀行、SMBC日興証券といった面々が名を連ねる形になり、それを取りまとめるのには相当な労力が必要になってしまう。

ストラクチャードファイナンスなど、わざわざ提携を結ばなくても済む分野での連携にとどまったのは、そうした事情があったからだ。

東和銀の公的資金返済

また、再編の受け皿化に向けては別の懸念もある。コンコルディア自体のガバナンス(企業統治)体制だ。

過去に傘下銀行トップを務めた人物のうち、平澤貞昭氏、寺澤氏が2022年2月まで横浜銀の常勤特別顧問に就いていたほか、石井道遠氏は現在も東日本銀の常勤特別顧問に就いているのだ。

石井氏は、東日本銀が業務改善命令を受けたときに会長だった人物だ。2022年8月には退任する予定というが、OBが現経営陣に影響を及ぼしかねないような体制を、いまだに敷いていたわけだ。

コンコルディアをめぐっては、きらぼし銀以外にも、投資用不動産向け融資で傷を負ったスルガ銀行の名が、再編相手としてよく挙がる。そうした候補から敬遠されるようなことがないように、コンコルディアとしてまずは身を引き締めるべきだろう。

そのコンコルディアからかつて提携話を持ちかけられた群馬県の東和銀行も、再編の観測が絶えない。2009年に注入を受けた公的資金350億円のうち、150億円の返済が2年後に迫っており、再編の契機になるとみられているからだ。

「金融庁長官が提携はダメだと言っている」。コンコルディアから提携を持ちかけられた当時、東和銀の本店に通信社記者が密使として訪れ、役員にインタビュー取材をするわけでもなく、「そう言い残して立ち去るという出来事があった」（東和銀役員）という。

公的資金注入行として、ただでさえ金融庁の意向を気に掛けているだけに、その後コンコルディアとの提携話は雲散霧消してしまった。

コンコルディアも東和銀も、当時とは経営陣が替わっているが、一部の幹部はつながりを持ち続けている。焼けぼっくいに火がつく可能性はゼロではない。

また、関東の地銀で再編が近いとされるのが、東京スター銀行だ。東京スター銀の大株主は台湾の中国信託商業銀行。その中国信託にとって「東京スター銀は先代経営者の肝煎り案件だったものの、今の経営者は日本への関心が薄い」(地銀の関係者)。

そのため売却観測が出ており「銀行免許が欲しい異業種で興味を示しているところは多い」(同)という。

「企業価値が上がる再編策は積極的に議論」

コンコルディア・フィナンシャルグループ次期社長・片岡達也

横浜銀行と東日本銀行で、取引先企業がいわゆる「ゼロゼロ融資」をかなり活用している。両行の合計残高では3000億円くらいだが、この上期から徐々に返済が始まる予定だ。

取引先の経営悪化の懸念は大きくないが、急速な円安や仕入れ価格の上昇もあり、銀行としても予防的に貸倒引当金を積みながら、支援に当たっている。

従来型の銀行業務だけで今後生き残っていけるかということについては、これだけ金利が潰れている状況だと、預貸を中心とした銀行のビジネスモデルはやはり難しい。

もちろん金利が上がれば銀行のアセットにはプラスに効いてくるが、外部環境を当てにすることは、経営としては取るべき選択肢ではない。

銀行の3大業務というと、預金、貸し出し、為替（決済）だが、それだけでなくソリューションカンパニーとして、付加価値をどれだけ高められるかに懸かっている。

そうなるとわれわれの競合先はコンサルファームだったり、エクイティーファンドだったり、あるいは地域商社だったりするかもしれない。

東日本銀は3年が勝負

東日本銀行については、前年度の決算を見てもらえばわかるとおり、与信コストの戻り益を除いても、約30億円ぐらいのボトムラインだった。横浜銀行と同様にかなり効率化を図って、人員も店舗も絞り込んでいる。

あとはソリューション営業をしっかりやっていけば、30億～50億円のボトムラインに達するだけの力はついてきている。その状況で横浜銀行と合併しても、大きくは変わらないし効果は小さい。

今も横浜銀行から、30人以上の行員が入ってさまざまな改善を進めているが、いずれはプロパーの頭取にしたいし、できると思っている。ただ、もし収益目標がまったくうまくいかなかったときは、別のやり方を考えるかもしれない。この3年が勝負で、経営陣にもそれを伝えている。

われわれも経営統合を経験してわかったのは、トップラインでシナジーを出すのは簡単ではないということ。

メディアで再編や統合といった話題がよく出るが、結局はガバナンス（企業統治）の問題だ。仮に企業価値が上がって、かつ株主や行員、地域社会にメリット、あるいは合意があるものであれば、私は積極的にやっていきたい。

それが、地銀なのか、ファンドなのか、あるいはまったく別の業種の企業なのか、そこはさまざまな選択肢を持って議論しておくべきだ。

【東海・甲信越】激化する愛知の乱　スルガの救世主は

東海圏の再編震源地になっているのは、トヨタ自動車を中心とした完成車・自動車部品メーカーや関連産業が集積し、資金ニーズがある愛知県だ。

(注)FGはフィナンシャルグループの略

不正発覚後も投資用不動産ローンを主軸に据える姿勢は改めない

「愛知県ナンバーワンの金融グループを目指す」。2022年5月11日、名古屋市内のホテルで行われた記者会見で、愛知銀行の伊藤行記頭取と中京銀行の小林秀夫頭取は、「ナンバーワン」というフレーズを何度も繰り返した。

両行の合併に向けて2022年10月に発足する共同持ち株会社の名称は「あいちフィナンシャルグループ」とし、「あいち」の「い」には「地域いちばん」の思いを込めたという。

念頭にあったのは県内トップの名古屋銀行だ。名古屋銀の貸出残高は22年3月末時点で3兆3385億円。2位につける愛知銀は同2兆7594億円、3位の中京銀は同1兆5494億円だ。

「愛知・中京」の2位・3位連合が誕生すれば貸出残高は4兆円を超え、名古屋銀を追い抜いてトップに躍り出る。

名古屋銀と愛知銀はともに取引先としてトヨタ関連企業を多く持ち、支店の営業区域も重なり合うことが多いため、県内では激しく角を突き合わせてきた。

名古屋銀にとって愛知銀と中京銀の経営統合は、相当な脅威と映ったに違いない。

両行の最終合意を翌月に控えた4月27日、名古屋銀は地銀上位行の静岡銀行と包括業務提携を結ぶことを発表。愛知・中京連合を牽制した。

県内3行が規模拡大や連携強化に動く理由はほかにもある。三重県の百五銀行や三十三銀行、岐阜県の十六銀行や大垣共立銀行といった近隣の金融機関が、愛知の肥沃なニーズを求めて果敢に攻めてきているのだ。

帝国データバンク名古屋支店情報部の稲熊浩明氏は「トヨタの下請け企業や関連企業に勤めている人は融資審査を通りやすく、5000万円以上の住宅ローンを組む人がザラにいる。そうした属性のよい顧客層を狙って、近隣の金融機関が積極的に県内に攻め入ってきている」と分析する。

今後の再編を占ううえで、注目すべきは十六銀だ。愛知銀や中京銀と同じく三菱UFJ銀行と親密で、一時は中京銀の〝嫁ぎ先候補〟とみられていたこともある。

2012年に岐阜銀行を吸収合併した経緯があり、再編には後ろ向きとみられているが、周囲の地銀が相次いで再編や提携で団結し始める中、どこまで独立独歩を貫けるか。三菱ＵＦＪ銀の役員ＯＢからは「（再編は）時間の問題」という声も聞こえてくる。

迷走を始めたスルガ

「経営陣はいったい何がしたいのだろうか」。金融庁幹部が首をひねるのが、２０１８年に投資用不動産融資で書類改ざんなどの不正が発覚した、静岡県のスルガ銀行だ。

同行は２０２０年に家電販売大手のノジマと資本業務提携を結んだが、目立った成果を上げられないまま、２２年3月に関係解消となった。

「金融業と販売・流通業とで提携効果を出すのは、思った以上に難しかった」。スルガの嵯峨行介（さが こうすけ）社長は5月１３日の決算説明会で、解消の理由をこう述べた。だが、スルガ経営陣はノジマと手を携える気は当初から薄かったとみられる。ノジマは、女性や若年層といった信用弱者へ向けたリテールバンク化こそがスルガ再生の道筋だと説いたが、スルガ経営陣は投資用不動産ローンを主軸に据える姿勢を改めなかったという。「ノジマを格下とみて、重要な情報をあえて共有しないような場面もあった」とスルガ関係者は漏らす。

後ろ盾がなくなった中で、スルガの自力再建は容易ではない。2023年3月期の純利益予想は65億円と、投資用不動産ローンが全盛だった17年度の2割にも満たない。過去に実行した高金利融資の返済が進む一方、新規実行額は伸び悩んだままだ。貸出残高と利回りの下落に歯止めがかからず、業績が底を打つ兆しは見えてこない。

さらに影を落とすのは、過去の投資用不動産ローンをめぐるトラブルだ。シェアハウスをめぐる問題は年内にも実施予定の4回目の債権譲渡をもって区切りがつく見通しだが、もう1つの投資用アパート・マンションローンについては、債務者が2021年に弁護団を設立しスルガに賠償を求めている。

スルガが抱えるアパマンローン残高は3月末時点で1兆円。このうち正常先は約2400億円しかない。アパマンローンに対してスルガは21年度に361億円の予防的引き当てを行い、22年度も追加で100億円を見込む。

ただし、債務者の弁護団はスルガに対し融資額805億円の賠償を求めており、さらなる引き当てに追われる懸念がくすぶる。

「アパマン問題が解決しない限り、スルガを救済する銀行は現れない」（証券アナリスト）という状況で、スルガ経営陣はいったいどう動くか。救済の声かけをひたすら待っているだけであれば、内外からの退陣圧力が一気に強まることになる。

「愛知はマザーマーケットメインバンクにもなれる」

三十三フィナンシャル グループ社長・渡辺三憲

合併から1年が経った。166あった店舗は30店舗の統廃合を決め、28店舗で統合作業を終えた。固定費削減につながっている。

旧三重銀行と旧第三銀行で当然文化の違いはあった。だがほとんどが三重県人で、小中学校時代の友人と再会したような社員も多い。融合は早い。持ち株会社設立から合併まで3年という期間を置いたことも、合併作業をスムーズにした。

合併の目的は単なる規模拡大ではない。お金を貸して金利で収益を上げる時代は終わっている。事業承継をどうするか、どの会社をM&A（合併・買収）したらよいか、気候変動や環境規制にどう対応したらよいのか。こうした経営者の悩み事、多様化する課題に、確かな解決策を提供することで手数料をもらう。そうしたビジネスモデルに変わってきている。

相談される銀行になるためには、日頃の取引基盤が重要で、合併によって三重県全域で基盤の再構築ができた。

人口も企業数も増え続けている隣の愛知県も、われわれのマザーマーケットだ。32店舗を構え、個人向けには住宅ローン、法人向けには果敢にソリューション提案をしている。メインバンクに選ばれるチャンスはいくらでもある。

公的資金300億円は24年9月末の返済期限までに必ず完済する。時期を検討中だ。

【中四国】 四国アライアンスが生んだ再編の渦

「やはり四国アライアンスは砂上の楼閣なのか」。2022年3月、高知県の四国銀行が大和証券と進めていた包括業務提携の最終契約を発表すると、地方銀行の関係者はそう冷ややかに語った。というのも、2年前にも徳島県の阿波銀行が野村証券と包括業務提携を結び、「四国アライアンスは同床異夢か」という観測が浮上していたからだ。

第一地銀の連携が第二地銀を焚き付け
四国の相関図

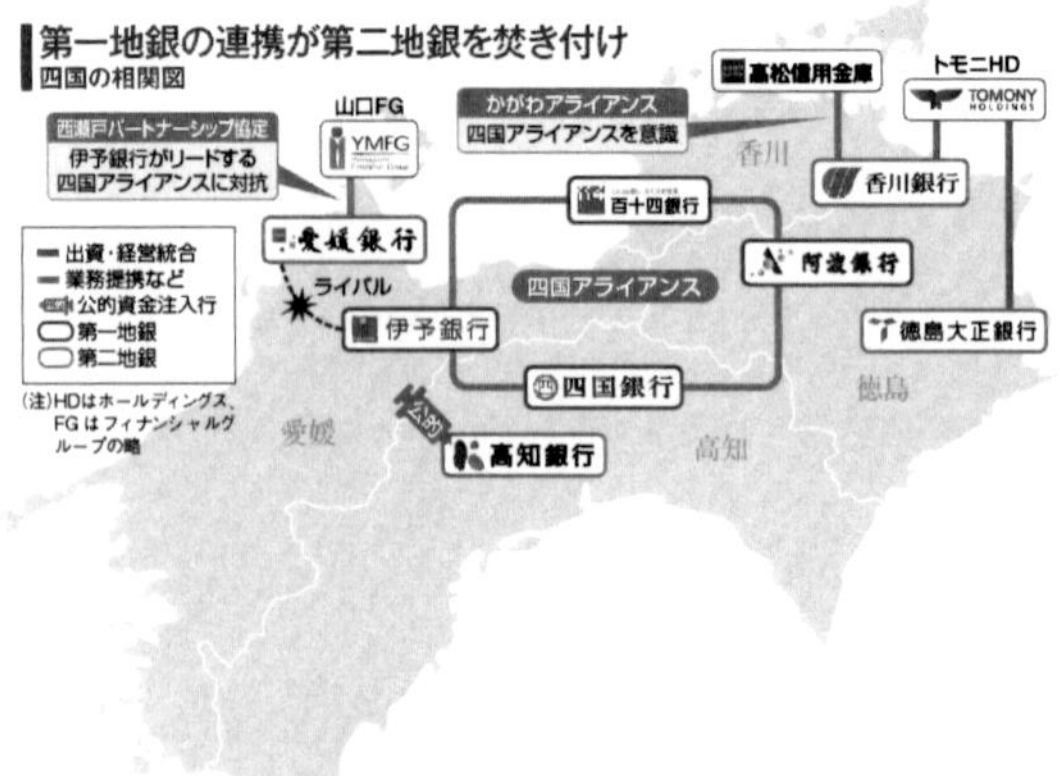

(注)HDはホールディングス、
FGはフィナンシャルグループの略

四国アライアンスがスタートしたのは2016年。伊予銀行が主導し、百十四銀行、阿波銀行、四国銀行と、四国4県の第一地銀が業務提携を結んだ。観光業の活性化や事業承継M&A、ビジネスマッチングなどで四国経済の底上げにつなげる、いわば緩やかな事業連携だ。

伊予銀は完全子会社の四国アライアンス証券（旧いよぎん証券）の商品を、ほか3行が取り扱えるようにしたが、阿波銀や四国銀の大手証券会社との業務提携は「足並みがそろっていない」（先の地銀関係者）ことを周囲に印象づけた。

ただ、伊予銀の関係者は「経営はそれぞれ独立している。アライアンス自体はうまくいっている」と涼しい顔を崩さない。

第一地銀の緩やかな連携は、周囲に思わぬ影響を与えた。トモニホールディングス傘下の香川銀行と高松信用金庫が21年5月、「かがわアライアンス」を締結。第二地銀と信金がなりふり構わずタッグを組んだのだ。

高松信金は香川銀が持つ事業承継やM&Aのノウハウを吸収し、香川銀は高松信金の顧客である中小企業との接点を増やす狙いだ。

対抗心たぎらせた愛媛銀

そうした四国の再編成から取り残されているのが、高知銀行だ。公的資金150億円の返済期限が2年後に迫るが、今のところ返済のメドを示せていない。6月28日に開催予定の株主総会では、機動的な増資を可能とするために定款を変更する方針だ。もし第三者割当増資を四国銀が引き受けるようなことになれば、再編が現実味を帯びてくる。

愛媛県の第二地銀、愛媛銀行も要注目だ。2020年1月、瀬戸内海を挟んだ山口フィナンシャルグループ（FG）と「西瀬戸パートナーシップ協定」を締結し、21年7月には共同出資会社「西瀬戸マリンパートナーズ」を立ち上げた。目玉は海運産業向けの船舶融資（シップファイナンス）。与信判断をシステム化し、シップファイナンスの高度化を図る。

数十億円単位の融資になるシップファイナンスは、山口FGにとって知見を深めたい分野だ。実績のある愛媛銀と組むメリットは大きい。一方の愛媛銀は中国地方の雄である山口ＦＧと組むことで、伊予銀を牽制した格好だ。

しかし、今の山口ＦＧに愛媛銀の後ろ盾になるような余裕はないかもしれない。なぜなら、そもそもこのパートナーシップを主導したのが、山口ＦＧ前会長の吉村猛氏だったからだ。

その吉村氏は２０２１年、新銀行の設立構想などをめぐって経営の混乱を招いたとして、トップを解任される憂き目に遭っている。

いち早く地域商社を展開するなど、吉村氏は地銀業界の改革派とされていたが、社内で誰も進言できないその恐怖政治ぶりが広く知れ渡るなど、評価が分かれる激しい経営者でもあった。

山口ＦＧの椋梨敬介（むくなし　けいすけ）社長ら現経営陣は目下、吉村氏が敷いた経営路線からの軌道修正を図っている。そのため、愛媛銀との連携にも少なからず影を落としているのが現状だ。

その吉村氏に今、秋波を送っているのがＳＢＩグループだ。２年前に、ＳＢＩ傘下で地方創生を推進する地方創生パートナーズの設立に新生銀行などとともに参画するなど、もともと関係は近い。

折しも、ＳＢＩは消費者金融をはじめとするノンバンク機能を集約した持ち株会社を設立し、事業強化の構想を打ち出している。

吉村氏が掲げていた新銀行構想にも近い形態であるだけに、その秋波に吉村氏がどう応えるか、業界の関心の的になっている。

INTERVIEW

「増資するなら地元企業とSBI　公的は受けない」

島根銀行　頭取・鈴木良夫

頭取に就任した2017年は、コア業務純益が初めて赤字に陥ったタイミングだった（17年3月期）。

行員が地域を歩かず、中小企業融資という地方銀行の本分をおろそかにしていたからだ。コアが赤字でも有価証券の売却益で純利益は黒字を維持していたため、「有価証券を売却すれば大丈夫」というばかげた発想に陥っていた。

行員には「原点回帰」を呼びかけた。自ら地域を回り、フェース・トゥ・フェースで地元企業を支援していこうと。

2019年にSBIと資本業務提携を結んだことでSBIの豊富な商品ラインナッ

プを島根の顧客に提供できるようになった。有価証券の運用や投資信託の販売はSBIに託し、生まれた経営リソースを営業現場に振り向けた。2021年3月期からはコア業務純益を黒字に転換できている。

米金利上昇の影響で、足元では有価証券評価損が膨らんでいる。この状況下では仕方ない。ただ、22年3月末で自己資本比率は6・5%。大きな倒産が出れば自己資本比率は危険水域に陥る。6月の株主総会で機動的な増資ができるよう定款変更をする。

引き受けてもらう先として念頭にあるのは地元島根の企業とSBIだ。われわれが公的資金を申請することはないし、非上場化もしない。

【九州】公的資金注入行に生じた再編の種火

九州に3つある公的資金の注入行。返済期限が刻一刻と迫る中で、2021年夏以降大きな動きがあった。

鹿児島県を地盤とする南日本銀行と、宮崎県を地盤とする宮崎太陽銀行の2行が、資本増強の方針を示したのだ。

南日本銀が150億円の公的資金注入を受けたのは、2009年のこと。その返済が2年後の2024年3月に迫っていた。

公的資金を返済すれば、自己資本が目減りし、貸し出し余力は必然的に低下する。そうした事態を避けるために講じたのが、議決権のない優先株（85億円分）による第三者割当増資だった。

業界の関心が集まったのは、その割当先だ。地元のテレビ局や新聞社、建設会社など有力企業が名を連ねる中で、割り当てる株数が最も多かったのは、同じ地域でしのぎを削ってきた、鹿児島銀行だった。

その鹿児島銀は2015年に、熊本県の肥後銀行と経営統合をしている。経営基盤強化をうたいながら、互いの営業エリアを侵食しない合意があると対外的に映ったことで、金融庁から強烈な不興を買った経緯がある。

今回は、そのときの「負い目を払拭するような動きだ」（九州の地方銀行役員）との見方がもっぱらで、地元の金融当局者からも「南日本銀をオール鹿児島で支えるということ。もう何も心配していない」と溜飲を下げたような声が聞こえてくる。

宮崎太陽銀も構図は同じだ。2010年に注入を受けた公的資金130億円の返済が2025年3月に迫る中で、60億円の優先株発行を今春に決議。その最大の割当先となったのは地元のトップ地銀、宮崎銀行だった。

公的資金をきっかけにして、地域のトップバンクが第二地銀を支える体制が、九州南部で相次ぎでき上がったことになる。

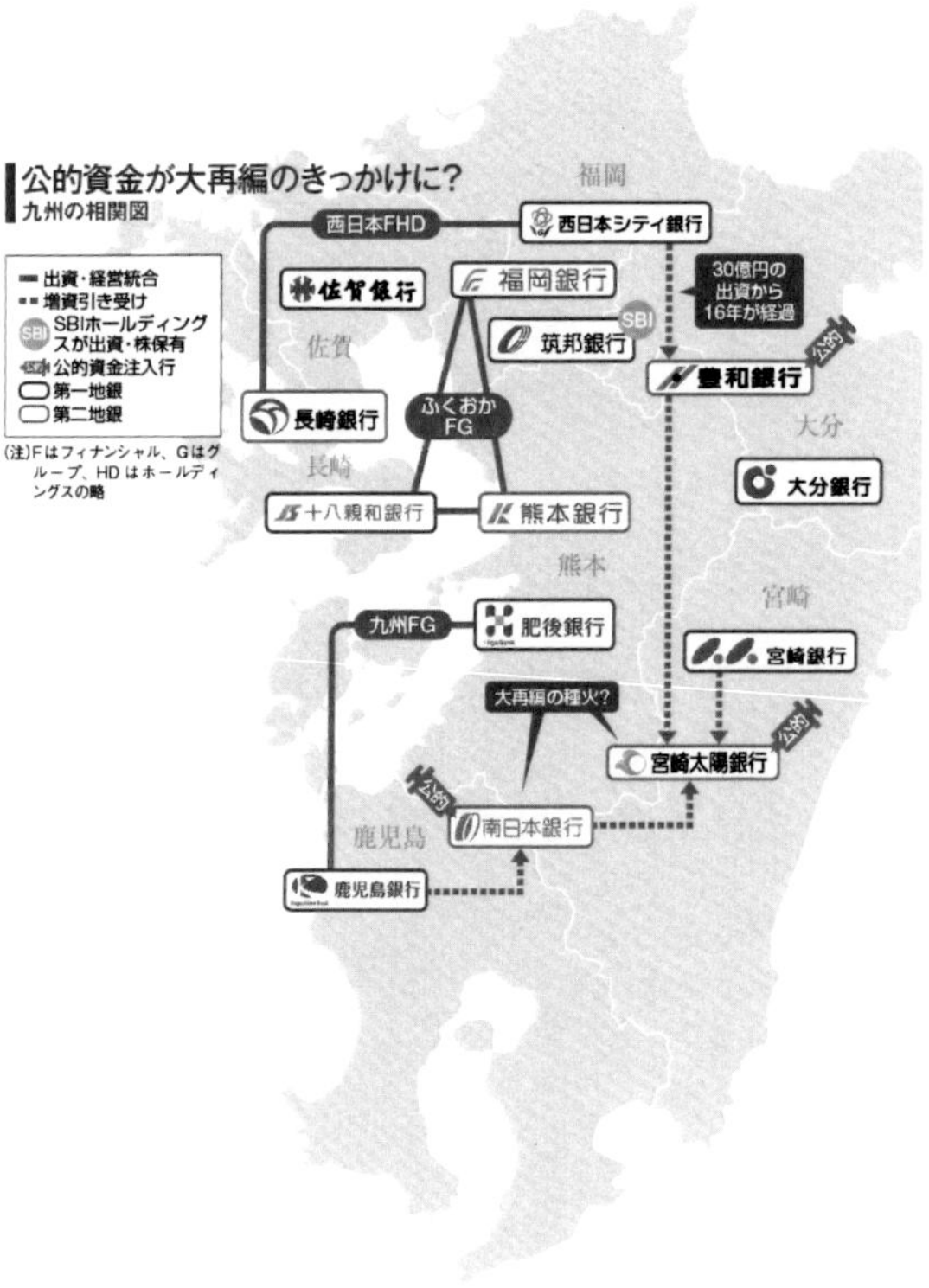

公的資金が大再編のきっかけに?
九州の相関図
出資・経営統合
増資引き受け
SBIホールディングスが出資・株保有
公的資金注入行
第一地銀
第二地銀
(注)Fはフィナンシャル、Gはグループ、HDはホールディングスの略
福岡
佐賀
長崎
熊本
大分
宮崎
鹿児島
西日本FHD
西日本シティ銀行
佐賀銀行
福岡銀行
筑邦銀行
SBI
30億円の出資から16年が経過
豊和銀行
公的
ふくおかFG
長崎銀行
十八親和銀行
熊本銀行
大分銀行
九州FG
肥後銀行
宮崎銀行
大再編の種火?
宮崎太陽銀行
南日本銀行
鹿児島銀行

合併特例の有力候補か

そもそも九州では、金融庁の強力な後押しを受けて、長崎県の十八銀行と親和銀行が2020年10月に合併している。

同一県内での地銀合併で、貸し出しシェアが7割を超えることから、過去には独占禁止法をめぐって公正取引委員会と金融庁が激しくバトル。結果として、地銀同士の合併・経営統合を、独禁法の適用除外とする特例法を政府が整備するまでに至った。

そこまで大立ち回りをしておきながら、特例法を使ったのは今のところ青森銀行とみちのく銀行による経営統合の1件のみ。「金融庁としては当然、南日本銀と宮崎太陽銀にも将来的に特例法を活用してほしいという思いを持っているだろう」と金融庁のあるOBは解説する。

では160億円の公的資金が入っている豊和銀行はどうか。結論から言えば、経営統合や合併の気配は今のところ皆無だ。権藤淳頭取も「まったくその気はない」と繰り返し公言している。

地元の大分銀行や、過去に出資を受けた西日本シティ銀行と、関係が疎遠であることも、少なからず影響しているようだ。

当面は独立路線を歩むとみられるが、旧三和銀行（現三菱ＵＦＪ銀行）出身の権藤氏が豊和銀の頭取に就いたのは２０１２年。トップとして経営改革を始めてから、すでに１０年が経過している。

公的資金返済期限の２０２９年に向けて、目下最大の課題は後継者の育成計画だろう。

「取引先の販路開拓支援が第3の本業であり使命」

豊和銀行　頭取・権藤　淳

商品の売り手と買い手をつなぐ「Vサポート」という取り組みを、5年以上続けている。売り手側の契約数は現在98社。販路開拓によって一定の売り上げ増加を達成した場合に手数料をもらう、成果報酬型のサービスだ。

単なるビジネスマッチングではない。行員自ら製品の特長から課題、これまでの買い手の評価の声まで載せた詳細な説明資料を作り、新たな買い手とつなぐという地道な取り組みだ。

これまで累計で22億円の売り上げ増につながり、そこから設備投資などで396億円の資金需要が生まれている。その資金は金利競争にはならず、貸出金利の低下を防ぐ形になっている。

銀行として、地域の中小企業を活性化するために公的資金を入れたので、Vサポートはまさにわれわれのレゾンデートル（存在理由）であり、預金、貸し出しに続く「第3の本業」だ。

再編についてよく聞かれるが、有価証券運用や仕組み債の販売に熱を上げる銀行が多いところを見ると、豊和の事業モデルを理解してもらえる銀行は少ないと感じる。どこかと組みたいとも思わない。

公的資金返済の期限は2029年だ。着実な返済に向けて、引き続き中小企業の支援に汗をかきながら収益力をしっかりと高めていきたい。


（中村正毅、野中大樹、藤原宏成、一井　純）

軌道修正を迫られる

岐路に立つメガの外銀拡大路線

「当初は米州事業全体でトップ10を目指し規模拡大を追っていたが、リテール預金と多数の店舗を持つことで、経営上の費用対効果が年々悪くなり、しだいにグループの重荷になっていった」

三菱UFJフィナンシャル・グループの幹部がそう話すのは、2021年9月に売却方針を発表した米地方銀行のユニオンバンクだ。

旧東京銀行と旧三菱銀行時代の傘下銀行が源流で、2008年の完全子会社化発表時には「米国における成長戦略の重要な布石」とまで位置づけていた。

米州事業の要だったユニオンバンクの売却を余儀なくされた背景にあったのが、規制コストだ。米国ではマネーロンダリング（資金洗浄）対策が年々厳格化されており、本人確認などの事務コストが銀行をはじめ金融機関の重荷となっている。

リテール業務を柱とし多額の預金を抱えるユニオンバンクにとっては、とくにその影響が大きい。2007年にはマネロン対策の不備を理由に3160万ドルの罰金支払いを命じられているほか、その後も複数回にわたってリスク管理体制の強化を金融当局に促された。

折しも三菱UFJがユニオンバンクの売却を発表する前日にも、当局がリスク管理体制の不備を理由に業務改善命令を発出している。ユニオンバンクの抱える潤沢なドル預金が、規制の壁に阻まれ三菱UFJ自身の融資に回せないなど、相乗効果も思うように出なかった。

さらに、長引く低金利環境によって本業は停滞し、2019年にはユニオンバンク子会社の減損処理にも追い込まれた。

競争力の源泉としていた400店舗超のネットワークも、デジタル全盛の時代にはあだとなった。2017年には周回遅れでインターネットバンキングを始めたものの、時すでに遅しという状態だった。

三菱UFJは、ユニオンバンクを同業のUSバンコープに売却する方針で、米州リテール事業からは事実上撤退し、法人事業に経営資源を集中させる。

海外戦略の見直しをめぐっては、三井住友銀行でも動きがあった。2022年3月、ベトナムの大手民間銀行エグジムバンクとの戦略提携契約の解消を発表したのだ。

ベトナム事業の足がかりとして、エグジムバンク株の15%を取得したのは2008年。当初は好調で、ピーク時の11年は3兆ベトナムドン（当時のレートで約120億円）の純利益を稼いでいた。だが翌年には下落基調へと転じ、2015年には399億ドン（連結業績）へと縮小。得意の法人向け融資で大口先の業績が悪化し、与信費用が膨らんだ。経営再建を図ろうとするも、役員人事などをめぐり株主間の対立が先鋭化。定足数を満たせず株主総会がたびたび延期される事態を招いてしまった。

筆頭株主として役員を派遣していた三井住友は、経営体制の刷新のため出資比率の引き上げを模索したが、現地の外資規制に阻まれ断念している。

そもそも三井住友は、東南アジア諸国でフルバンキング業務を展開する戦略を策定しており、エグジムバンクはベトナムの法人事業の役割を与えられていた。その一方で、成長著しいリテール需要の取り込みに向けて、新たなパートナーとの提携を検討し始めた。そうした中で持ち上がったのが、地場銀行であるＶＰバンクが、子会社でノンバンク大手のＦＥクレジットの株を売却する話だった。

三井住友はこれに名乗りを上げ、ノンバンク子会社を通じて４９％を出資することで合意。ベトナム事業の仕切り直しがそこで決定的となったわけだ。

拡大一辺倒は曲がり角

そうした戦略見直し方針の発表後、三菱ＵＦＪと三井住友フィナンシャルグループの株価はいずれも上昇した。あるアナリストは「海外での持続的な成長は難しい。規制などリスクの高い海外に投資するより、国内に専念しつつ割安な自社株を買うほうが合理的では」と言い切る。

出資や買収を通じて拡大一辺倒だった海外戦略に一部でブレーキがかかる中、銀行ごとの舵取りの違いと巧拙が今後如実に表れてきそうだ。

（一井　純）

■提携戦略の見直し進む —3メガバンクの主な提携関係図—

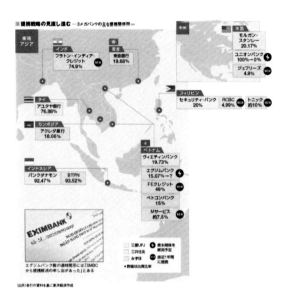

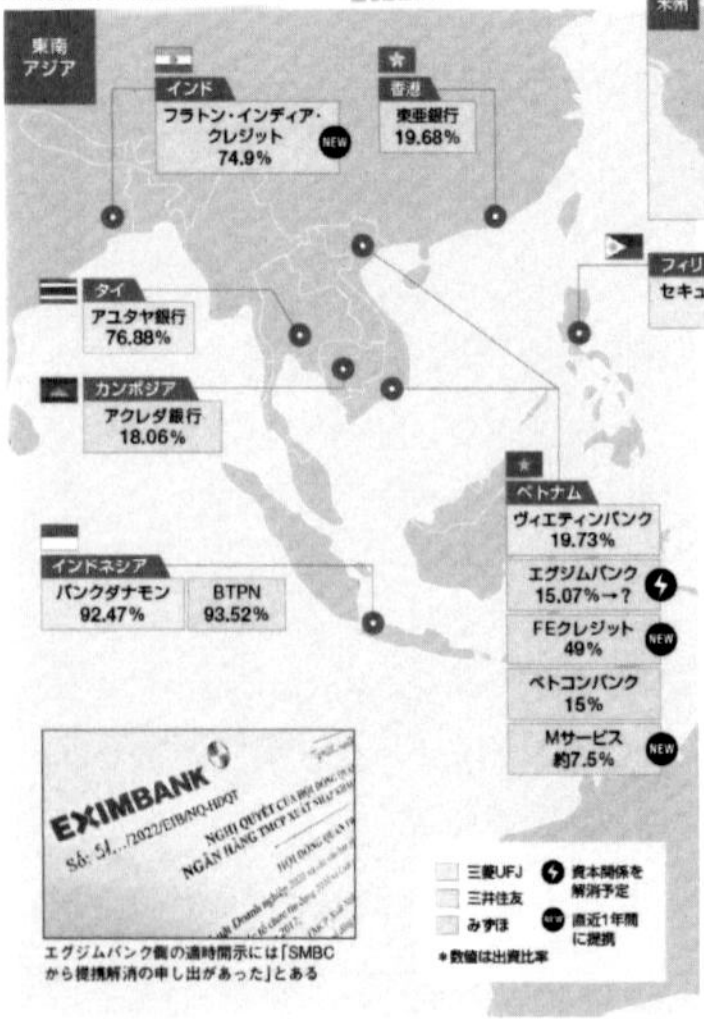

（出所）各行の資料を基に東洋経済作成

商業銀行業務の行方と将来あるべき事業構造とは

「10年後、20年後、うちの銀行は残っているだろうか」。そう不安を口にするのは、あるメガバンクの若手行員だ。

伝統的な銀行業務といえば、預金を広く集めて、企業などに融資をするというもの。この若手行員も「融資を通じて、企業を支えたい」との思いから銀行を志望した。

ところが、待っていたのはまったく違う世界だった。現在の日本は低金利環境が続き、空前のカネ余りの状態にある。企業側の資金ニーズは乏しく、「必要のないお金をお付き合いで借りてもらう『お願い営業』ばかりすることになった」（若手行員）と肩を落とす。

コロナ禍の到来で一時的に資金需要が生まれたものの、足元ではそれも収束に向かいつつある。こうした環境の中で「銀行を離れる同期も増えている」(同)という。将来への道筋を示さなければ、せっかく確保した優秀な人材も外部に流れてしまう。メガバンクとしても、伝統的な銀行業務に代わる新たな収益源の創出は急務だ。

トップが見据える将来像

この傾向はメガバンクの決算にもよく表れている。2019年度まで純利益はまさに縮小傾向。収益の種である預金と貸出金の利回り差も、1%を大きく割り込み縮小を続けてきたことがわかる。

■広がる収益格差

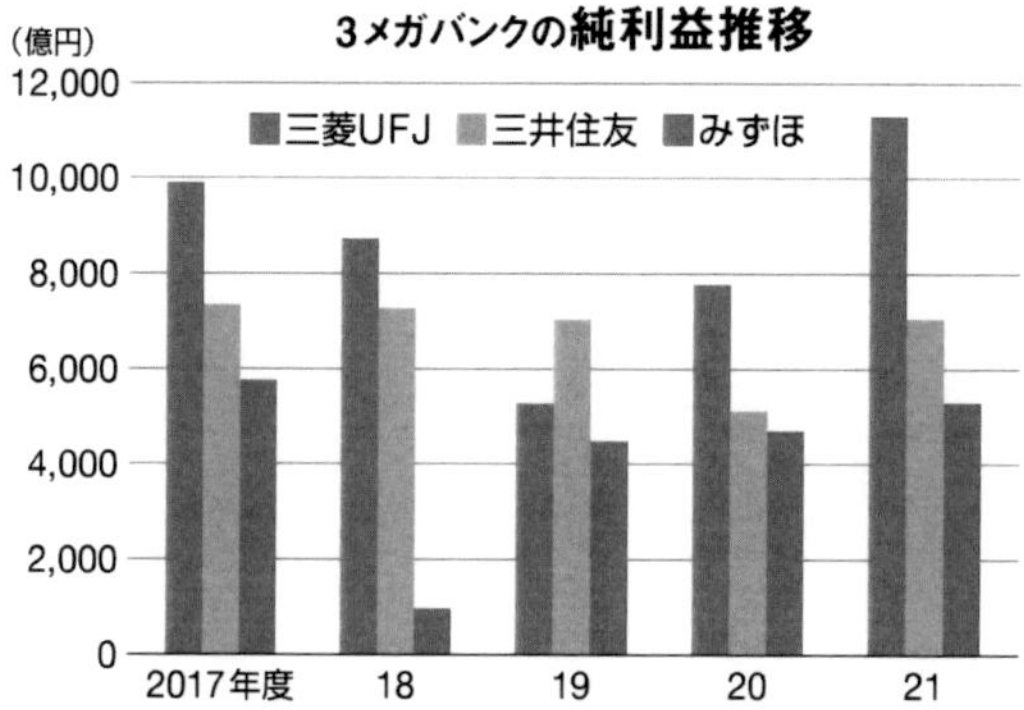
3メガバンクの純利益推移
(億円)
12,000
10,000
8,000
6,000
4,000
2,000
0
三菱UFJ
三井住友
みずほ
2017年度
18
19
20
21

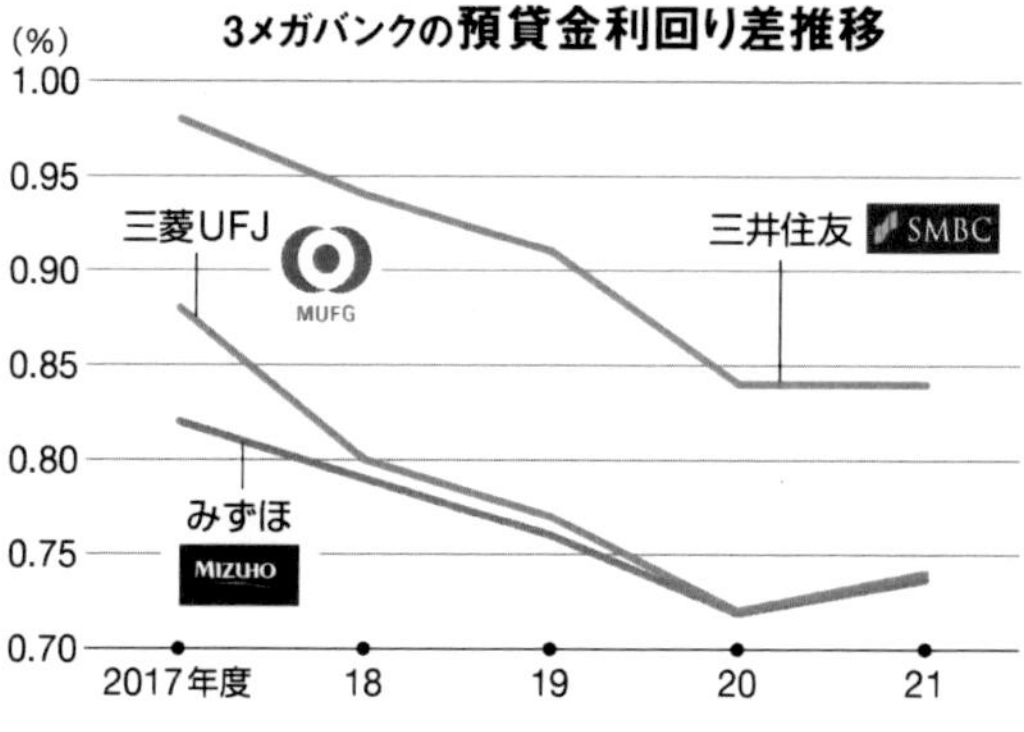
3メガバンクの預貸金利回り差推移
(%)
1.00
0.95
0.90
0.85
0.80
0.75
0.70
三菱UFJ
MUFG
三井住友
SMBC
みずほ
MIZUHO
2017年度
18
19
20
21

2021年度は大きく改善されたように見えるものの、利益における銀行業務の比率は決して高くない。国内トップの三菱ＵＦＪフィナンシャル・グループ（ＦＧ）は純利益が1兆円を超えたものの、国内銀行部門の利益は実は1883億円しかない。銀行業務以外の部分でどれだけ収益を積み上げられるかが、勝敗を分けるカギになっているわけだ。

足元でメガバンクは金利に代わる手数料収益を増強したり、経済成長が見込まれる東南アジアへの進出をしたり、といった方策でしのぎを削っている。

その動きの背景としてどんな将来像を見据えているのか。ＦＧとして今後何で稼いでいくのか。次章では3メガバンクの社長にその戦略を聞いた。

（藤原宏成）

「金融超えたサービス提供」

三菱ＵＦＪフィナンシャル・グループ（ＦＧ）社長・亀澤宏規

――新型コロナ、ウクライナ問題、インフレと企業業績には厳しい環境が続いています。

新型コロナの影響は正常化すると思うが、地政学リスクがどう波及するかは不透明だ。サプライチェーンをはじめとして、効率性を犠牲にすることになり、企業のコストアップになる。

金利、為替、株と相場も変調しており、「カネ余り」からの大きな転換点になるかもしれない。カネ余りだからこそ買われていたようなものは崩れてくる。メガバンクとしても選別が必要になる。

与信費用は緩やかに減る見通しだが、個社の要因で上下に振れるリスクはある。コロナ禍では、企業がコロナ以前から抱えていた問題が顕在化すると思われたが、金融緩和によって見えなくなった。だが、ロシア問題や金利上昇の中で改めて浮き彫りになりつつある。銀行としては、それが本当に個社の要因か、同業種に共通する問題かを見ていかないといけない。

――その中で、銀行が果たすべき役割とは何でしょうか。

大きく2つある。1つは顧客の課題に対して金融機能をしっかりと果たすこと。もう1つは金融を超えたサービスを提供すること。われわれが保有する顧客ネットワークやグループの機能を生かしていく。金融だけに固執すると発想が狭まってしまう。

――今後、銀行業務だけで稼ぐことは難しいのでしょうか。

銀行業務の定義が変わりつつある。単純に預金を集め融資をするという伝統的な銀行業務は、収益ドライバーにはならない。

われわれの存在意義は単に預金を集めて融資をすることではない。安心・信頼できるから、預金や住所などの情報を預けてもらっている。融資については、潰れない会社に融資することではなく、さまざまな形でリスクマネーを提供したり、企業と企業をつなげたりということに価値がある。

その価値を収益化する手段が金利から手数料などに広がってきている。昔は融資から金利を受け取るだけでも稼げていたし、それ以外のニーズも少なかった。より複雑化した部分にどうリーチするかを考えないといけないのが、銀行が置かれた状況だ。

――新しい業務に見えて、構図は変わらないと。

そういうことだ。いちばん単純なのは情報銀行になること。お金も情報の1つと捉えればいい。ただ、そう簡単にはお金にならないので、いろいろなトライをしているところだ。

――目指す姿として「金融プラットフォーマー」を掲げています。

顧客との接点になるアプリなど、「サービス」の部分は競争が発生する。だが、（日銀ネットにつながり決済などを実行するような）金融の「インフラ」の部分はわれわれにしかできない。プラットフォームは、例えばＡＰＩを使ってサービスとインフラをつなぎ、その際に手数料を取るといったことだ。

今後、ウェブ３・０の世界が来ると、プラットフォーマーはいなくなるのかもしれないが、インフラは必ず残るので、稼いでいける。

——ユニオンバンクを売却しますが、海外戦略に変化はありますか。

日本の実体経済を考えると、海外の収益をどう取り込むかは重要。ユニオンバンクを売却しても、米国の重要性は変わらず、人手も資金もかけていく。グローバルの資産運用や機関投資家向けも重要だ。現在のこの部門の純利益は７５０億円程度だが、まずはグループの純利益約1兆円の１０％に当たる、１０００億円を目指す。最終的には１４％程度まで増やしたい。

アジアにも投資を続ける。コンシューマーファイナンスやＩＴの分野で既存の商業銀行を強化していく。

（聞き手・藤原宏成）

亀澤宏規（かめざわ・ひろのり）

1961年生まれ。86年東京大学大学院理学系研究科修士課程修了、三菱銀行入行。融資企画部長、市場企画部長、米州本部副本部長、三菱UFJフィナンシャル・グループのデジタル推進の最高責任者、副社長を経て、2020年4月から現職。

「提案力が勝敗を分ける」

三井住友フィナンシャルグループ（ＦＧ）社長・太田　純

――外部環境の変化が激しいですが、銀行業の将来をどう考えますか。

大きなトレンドは変わらない。預金、貸金、決済といった金融機能そのものは必要だし、なくならないが、それを誰が担うかは変わる。必ずしも、現在の金融機関が担うとは限らない。

――その中でどう生き残るのでしょうか。

お金を借りる側には、設備投資がしたい、生産性を上げたい、事業承継をしたいなど、必ず動機がある。そのニーズの中まで踏み込み、サポートをして差別化する。

そこから借りるメリットがなければ、金利が安いから借りるということが起こり、低金利で貸すだけの存在になってしまう。

例えば、会社の買収を提案して、ぜひ欲しいとなった会社で、「お金だけは別の銀行から」と言う人はまずいない。提案をすることによって、金利は安くないかもしれないが借りてもらえる。顧客にソリューションを提供し、その器や引き出しが多く、ニーズに対応できるところが勝つ。

――融資を専門としてきた銀行員たちにそれは可能でしょうか。

とにかく、いろんなことをやらせる中で、提案力を強化する。

すでに11社、新しい会社をつくったが、それぞれの世界でしっかりと商売をしている。社内でピッチコンテストを開催するなど、チャンスを与えて提案力を強化する。

――グループの将来像として「プラットフォーマー」を目指すとしてきました。

われわれには顧客基盤があり、すでにプラットフォーマーだ。ただ、それを活用してこなかった。

プラットフォーマーというのは、銀行の顧客基盤の上にサービスやビジネスを乗せていくこと。銀行員と顧客という1対1のビジネスではなく、複数対複数のサービスを目指す。

例えば、法人のビジネスマッチングでは、ウェブ上で顧客同士がマッチングできるようにする場を提供している。われわれはそこから将来のビジネスにつなげる。

そのときの稼ぎ方はいろいろ。ビジネスマッチングの場合は、マッチングそのものではお金をもらっていない。マッチングした後に資金需要が出たり、具体的に紹介したりする際にアドバイスをする。

サブスクリプションのような形もある。電通グループと組んで会社を立ち上げたが、広告ビジネスもありうる。業務の形態によって、稼ぎ方は変わる。

ただ、プラットフォーム自体はそんなに儲かるものではない。それでも、将来的なビジネスチャンスは出てくる。GAFAも、事業は無料で提供しているが、広告で稼いでいる。それと同じようなイメージだ。

――2021年度は東南アジアへの出資も進めました。

現地に第2、第3のSMBCをつくる。いちばん進んでいるのはインドネシア。商業銀行のBTPNがあり、2輪・4輪の販売金融もあり、リースもあるし、証券もある。

それ以外の国は始まったばかり。これから機能を増やしていく。ただ、各国に規制があり、例えばインドやベトナムでは商業銀行の過半を取ることができない。規制も変わってくるので、動向を見ながら追加的な出資を目指していく。これは10年、20年かかる話だ。

――東南アジア以外で、グループに足りない機能はありますか。

既存業務の延長線上で言うと、日興の海外証券業務はライバルに比べ弱い。あとは信託。とくに不動産仲介業務が弱い。今後顧客に提供していくことを考えれば、システムやITのエンジニアも必要だ。ただ、これらは買収候補が次々出てくるものではない。当面は（米証券の）ジェフリーズと提携を深めていく。

（聞き手・藤原宏成）

太田　純（おおた・じゅん）

1958年生まれ。82年京都大学法学部卒業後、住友銀行入行。三井住友銀行専務、三井住友フィナンシャルグループのITイノベーション推進部担当役員、副社長・グループCFOなどを経て、2019年4月から現職。

INTERVIEW

「銀行の役割は依然大きい」

みずほフィナンシャルグループ（FG）社長・木原正裕

――銀行を取り巻く環境が厳しさを増す中で、ほかのメガバンクは「プラットフォーマー」としての戦略を掲げ、新しいビジネスを模索しています。

2020年3月にグーグルとの提携を発表した。今われわれの顧客接点は、店頭もあればデジタルチャネルもある。デジタル上での顧客の属性や行動を分析し、ニーズに合わせて、マーケティングをしていく。

例えば、お子さんが何歳になるので、こういうサービスはどうでしょうか、というアプローチができるようになる。これまでは、売りたい商品を売るプロダクトアウトが多かったが、今後はマーケットインでニーズに合った商品を提案していく。その中で非金融のサービスが出てくることはある。

一方で、われわれが持っていない顧客層やチャネルもある。そうした分野は（LINEグループとの共同出資で設立を準備中の）LINE Bankやアジアへの投資によって広げていきたい。


――現時点では、そうした分野の収益化が実現している銀行は多くありません。今後、みずほは何で稼いでいくのでしょうか。


何でも稼げる。今も稼いでいるわけだから。皆、銀行業は廃れるんじゃないかという短絡的な発想をするが、そうではなく考えてみましょうと。

例えば、これからカーボンニュートラルを進めていくということは、べらぼうな投資が必要になる。これは金融の力がないとできない。カーボンニュートラルに向けては技術革新が必要で、実証実験などがこれからたくさん行われていく。そうしたプロジェクトに対して、エクイティー（資本）を入れることで、実用化に貢献する。

社会的な課題を解決しようと思えば、いくらでもニーズはある。その際の金融は、メガバンクや地銀にしかできない。むしろ、日本の銀行が寄ってたかってやらないと実現はできないのではないか。もっとポジティブに金融を捉えてもいいのではないかと感じる。

――では、あくまで銀行業を中心に食っていくということですか。

もちろん。われわれは金融なんだから。（米国の）ＪＰモルガンやシティバンクなど海外を見てみてほしい。中にはこの地域をやめたとか、スクラップ・アンド・ビルドはあるが、本質的な金融業の部分は変わっていない。

ただし、アセットの保有というのは面白いと思う。例えば、不動産や再生可能エネルギー、航空機のようなアセットを自分のところで持つ。みずほはリースの機能を持っているので実現は可能だ。規制はあるものの、できる範囲でやっていきたい。

――2022年に入って東南アジアへの出資が2件ありました。その狙いを教えてください。

資本余力ができたとはいえ、（海外では）資本効率を考えた投資をしている。そのため、スマホ決済やデジタル銀行といった分野に投資をした。逆に商業銀行は、支店網を持つため相当の投資が必要になる。商業銀行としては、すでにベトナムのベトコンバンクに出資をしており、そこと組めばいいと判断した。

先日投資したフィリピンのデジタル銀行の口座数は、そうとう伸びてきている。デジタル口座数が、従来の銀行口座数よりも多くなる可能性もある。

――他行では投資銀行やアセットマネジメント分野の動きも出てきていますが、東南アジア以外の選択肢はありますか。

米国でやや課題があるのは、投資銀行部門の株式関連やM＆Aの分野だ。出資や買収をしてしまうと、必要のない機能までついてくることになるので、そういう意味では少し慎重だが、米国は収益の中でも大きな比率を占めている。もっと伸ばしていきたいという思いはある。

（聞き手・藤原宏成）

木原正裕（きはら・まさひろ）

1965年生まれ。89年一橋大学法学部卒業、日本興業銀行入行。みずほ証券リスク統括部長などを経て、2020年みずほフィナンシャルグループ常務執行役員企画グループ副グループ長。21年執行役常務グローバルプロダクツユニット長。22年2月から現職。

新生銀行を阻む3つの壁

「3500億円の公的資金は3年で絶対に返す」――。

5月27日に東京・六本木の本社での決算説明会見で、SBIホールディングスの北尾吉孝社長はそう言い切ってみせた。

新生銀行をめぐり、銀行業界初ともいわれた敵対的TOBを成功させたSBI。だが、SBI新生（2023年1月に商号変更予定）の正念場はまさにこれから。公的資金返済に向けて、乗り越えるべき3つの高い壁がある。

1つ目は、収益力の強化だ。新生が新たに策定した中期経営計画では、24年度までに連結の純利益を21年度の実に3倍以上となる700億円まで押し上げ、そのうち150億円分はSBIグループとのシナジーによるとしている。

課題はその150億円の内訳だ。大きく分けて4つある項目のうち、「市場性運用に関するノウハウ共有、資金調達の拡大」が最大で、75億～85億円の寄与を見込む。

ノウハウ共有というが、その実態はこれまでにSBIが出資してきた地方銀行向けの支援策と、ほとんど変わらない。新生は、SBI傘下のアセットマネジメント会社が組成する私募投資信託を買うことになるからだ。すでに新生は、22年3月期の決算で債券売却関連損失として117億円を計上。ポートフォリオ組み替えの準備を着々と進めている。

ただ、こうした運用がすぐに成果を出せるとは限らない。典型例がSBIに有価証券運用を委託している山形県の第二地方銀行、きらやか銀行だ。

きらやかは親会社にSBIが出資した直後に「運用ポートフォリオを大幅に見直しする方針」を発表、2021年3月期の決算でそれまでの評価損をすべて減損処理した。

しかし、わずか1年後の直近22年3月期の決算を見ると、「その他の有価証券」について約122億円もの含み損を計上している。運用の高度化を目指してSBIに委託したはずが、帳簿上とはいえ損失が膨らんでしまったわけだ。

そもそもSBIボンド・インベストメント・マネジメントなどが地銀向けに組成しているファンドには、米国債や州債など、外国債券が多く組み入れられている。

米国の金利上昇を受けて債券価格が大幅に下落し、有価証券（その他項目）が含み損に転落した銀行を抽出すると、SBIが出資し、有価証券運用に関与している銀行がずらりと並ぶありさまだ。北尾社長は「満期まで保有していれば問題ない」と強気だが、何ともばつが悪いはずだ。

SBIと提携する銀行で際立つ含み損
―その他有価証券評価損益ワーストランキング―

順位	銀行名	2021年度その他有価証券評価損益（百万円）	SBIグループとの資本業務提携	公的資金注入行
1	栃木銀行	▲15,441		
2	もみじ銀行	▲15,154		
3	きらやか銀行	▲12,179	●	●
4	筑波銀行	▲11,728	●	●
5	清水銀行	▲5,956	●	
6	仙台銀行	▲5,434	●	●
7	島根銀行	▲3,645	●	
8	福島銀行	▲2,899	●	
9	みちのく銀行	▲2,547		●
10	東和銀行	▲2,146	●	●
11	大東銀行	▲1,553	●	
12	スルガ銀行	▲1,482		
13	琉球銀行	▲1,100		
14	東京スター銀行	▲365		

（注）▲はマイナス
（出所）各社の決算資料と取材を基に東洋経済作成

2つ目の壁は、地銀との距離感だ。先述した150億円の内訳には、有価証券運用以外に、ストラクチャードファイナンスやリースなど法人向けビジネスで45億〜55億円、無担保ローンなど個人向けで40億〜50億円の貢献を見込む。

中でもSBIが期待を寄せているのが、ノンバンク分野での連携強化だ。すでに「ノンバンクホールディングス」の設立構想をぶち上げ、将来的には新生グループが展開する「レイクALSA」や、ショッピングクレジットの「アプラス」などを地銀向けに供給していく方針を打ち出した。

公的資金返済という難題

SBIにはノンバンク領域での成功体験がある。韓国で2013年に買収したSBI貯蓄銀行では、主に個人向けの小口融資が成長し、大きな利益を上げている。融資金利の上限が日本より高かったこともあり、SBIによる買収以後、収益性が大幅に改善した。

地銀連合を中心に、それを再現したいのだろう。だが、有価証券運用で含み損が膨らんだことにより、提携先地銀との間には溝ができ始めている。思惑どおりにさらなる提携が進んでいくかは、未知数だ。

■「第4のメガバンク」構想に向け前進
―SBIグループと新生銀行、地銀連合の連携図―

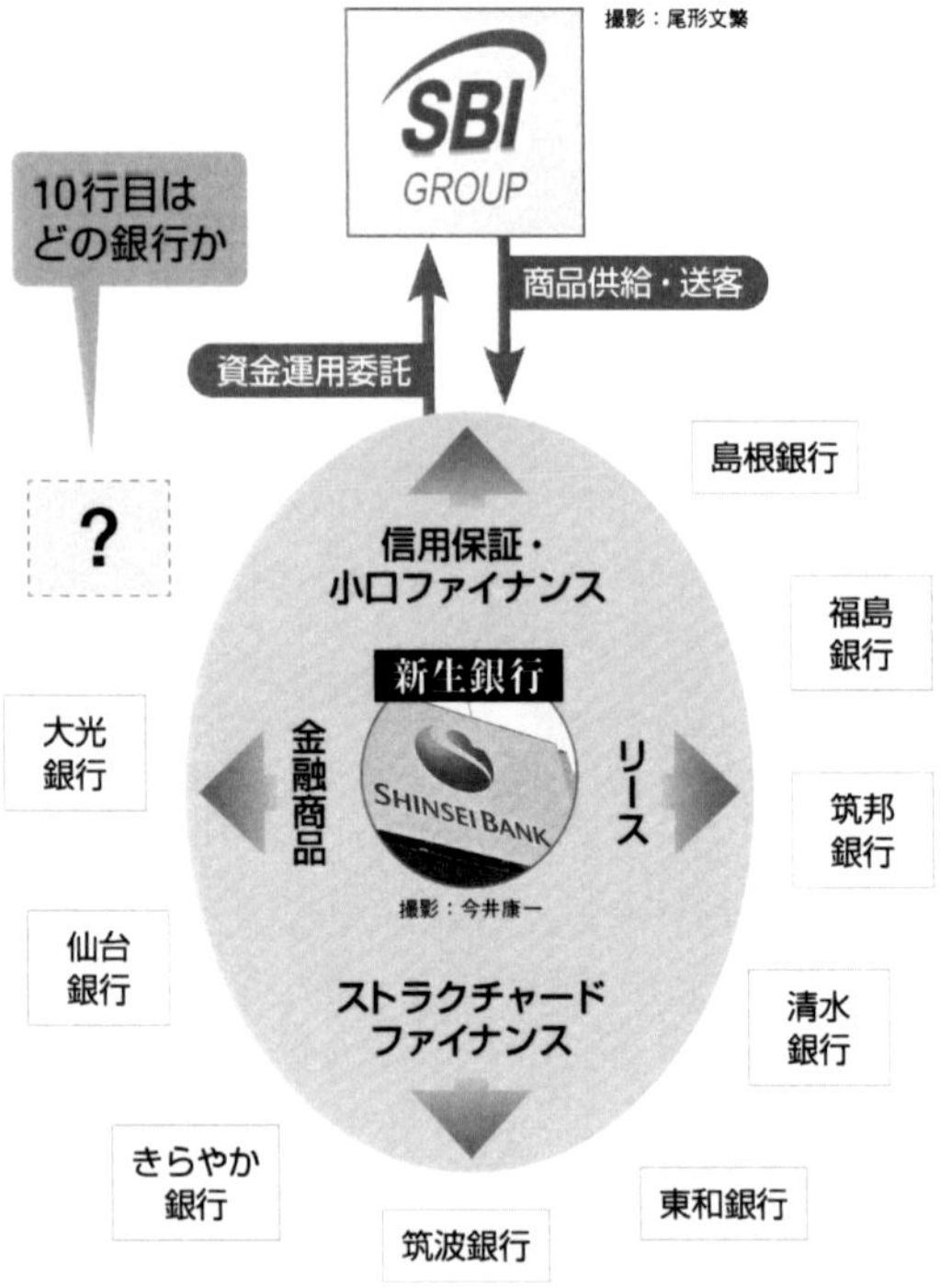

（出所）各種資料・取材を基に東洋経済作成

3つ目の壁は、非上場化だ。新生に残る3500億円の公的資金を返済するには、単純計算で新生の時価総額を現在の4倍近くに引き上げる必要がある。

短期間に時価総額をそこまで引き上げるのは至難の業だ。そこでSBIは、新生に対してTOBを仕掛けた時点から非上場化という選択肢をチラつかせてきた。だが、これも簡単ではない。

非上場化するためには、SBIと政府（預金保険機構と整理回収機構）以外の株主を、スクイーズアウト（締め出し）する必要が出てくる。

締め出す方法の1つは、発行済み株式の9割以上を取得し、特別支配株主となってほかの株主に売渡請求を行うもの。もう1つは株主総会で3分の2以上の賛成を必要とする特別決議を実施し、株式を併合して端株になった株を買い取るというものだ。

有力視されている1つ目の方法では、政府とSBIの現在の保有比率（約7割）ではスクイーズアウトに必要な議決権比率に届かない。そのため、追加で株式を取得することになるが、上場廃止後に上場当時よりも高い価格で政府から株式を買い取ることになれば、新生の少数株主から異論が噴出し、議論は泥沼化する可能性がある。

（梅垣勇人）

【週刊東洋経済】

本書は、東洋経済新報社『週刊東洋経済』2022年6月11日号より抜粋、加筆修正のうえ制作しています。この記事が完全収録された底本をはじめ、雑誌バックナンバーは小社ホームページからもお求めいただけます。

小社では、『週刊東洋経済 eビジネス新書』シリーズをはじめ、このほかにも多数の電子書籍ラインナップをそろえております。ぜひストアにて「東洋経済」で検索してみてください。

『週刊東洋経済 eビジネス新書』シリーズ

No.396　米国株　超入門
No.397　ビジネスと人権
No.398　無敵の話し方
No.399　EV　産業革命
No.400　実家のしまい方

No.401　みずほ　解けない呪縛
No.402　私大トップ校　次の戦略
No.403　ニッポン再生　7つの論点
No.404　マンション管理
No.405　学び直しの「近現代史」
No.406　電池　世界争奪戦
No.407　定年格差　シニアの働き方
No.408　今を語る16の視点　2022
No.409　狙われる富裕層
No.410　ライフシフト超入門
No.411　企業価値の新常識
No.412　暗号資産&NFT
No.413　ゼネコン激動期
No.414　病院サバイバル

No.415　生保　最新事情
No.416　M&Aマフィア
No.417　工場が消える
No.418　経済超入門　2022
No.419　東証　沈没
No.420　テクノロジーの未来地図
No.421　年金の新常識
No.422　先を知るための読書案内
No.423　欧州動乱史
No.424　物流ドライバーが消える日
No.425　エネルギー戦争

週刊東洋経済eビジネス新書　No.426
瀬戸際の地銀

【本誌（底本）】
編集局　中村正毅、野中大樹、藤原宏成、一井　純、梅垣勇人
デザイン　池田　梢、小林由依
進行管理　下村　恵
発行日　2022年6月11日

【電子版】
編集制作　塚田由紀夫、長谷川　隆
デザイン　市川和代
制作協力　丸井工文社
発行日　2023年6月29日　Ver.1

発行所　〒103-8345
東京都中央区日本橋本石町1-2-1
東洋経済新報社
電話　東洋経済カスタマーセンター
03（6386）1040
https://toyokeizai.net/
発行人　田北浩章

電子書籍化に際しては、仕様上の都合などにより適宜編集を加えています。登場人物に関する情報、価格、為替レートなどは、特に記載のない限り底本編集当時のものです。一部の漢字を簡易慣用字体やかなで表記している場合があります。本書は縦書きでレイアウトしています。ご覧になる機種により表示に差が生じることがあります。

※本刊行物は、電子書籍版に基づいてプリントオンデマンド版として作成されたものです。